nl·konkret 91

In allen europäischen Sprachen liest und schreibt man von links nach rechts. Aber mitunter stößt man auf derart entstellte Fakten, auf verdrehte Ansichten und widersinnige Darlegungen, daß man meinen könnte: Da hat jemand am verkehrten Ende begonnen.

Im Umgang mit Karl Marx kommt das besonders häufig vor. Er zählt zu den meistgelesenen Autoren unserer Zeit. Sein Leben und sein Werk liegen offen vor uns. Seine Wirkungen spüren wir täglich. Und gerade darum wird ihm mit Hochachtung, aber auch mit Haß, mit Anerkennung, aber auch mit Ablehnung begegnet. Von ihm zu lernen ist keine einfache Sache — wie jede ernsthafte Beschäftigung mit der Wissenschaft. Wer ihn jedoch widerlegen will, muß ihn von rechts lesen, so wie es die Marxtöter seit über hundert Jahren versuchen. Über sie und gegen sie ist dieses Buch geschrieben.

Eberhard Fromm

Marx – von rechts gelesen

Das konservative Marxbild der achtziger Jahre

Verlag Neues Leben Berlin

ISBN 3-355-00929-6

© Verlag Neues Leben, Berlin 1989
Lizenz Nr. 303(305/155/89)
LSV 0169
Umschlag: Wolfgang Gebhardt
Fotos: ADN-ZB : 17/ Busch : 1/ Gahlbeck : 1/ Gräfe : 1/ Link : 1/ Murza : 1/
Sturm : 1; Archiv des Autors : 1
Typografie: Katrin Kampa
Schrift: 10 p Univers
Lichtsatz: (140) Druckerei Neues Deutschland, Berlin
Druck und buchbinderische Weiterverarbeitung: Druckerei Märkische
Volksstimme, Potsdam
Bestell-Nr. 644 710 7
00410

Inhalt

 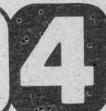

Wie Friedrich Engels
mir eine Fünf einbrachte

Es war in den frühen fünfziger Jahren, als ich — gerade von der damaligen Grundschule zur Oberschule übergewechselt — meine erste nähere Bekanntschaft mit Karl Marx (1818–1883) und Friedrich Engels (1820–1895) machte. Natürlich hatte ich diese Namen schon gehört, wußte um die Leistungen der Begründer des Marxismus und konnte auf Befragen sogar einige Lebensdaten und Werke der „Klassiker" nennen. Aber richtig gelesen hatte ich sie nicht.

Statt dessen wühlte ich mich begeistert durch dicke Folianten und komplizierte Fachartikel über die Entwicklung des Menschen. Ich wollte unbedingt wissen, wie der Mensch zum Menschen geworden war. So wie heute junge Leute mit BASIC als Programmiersprache umgehen, so warf ich damals mit Begriffen wie Pithecanthropus, Cromagnonmensch oder Homo heidelbergensis herum. Mehrmals fand ich bei meiner Lektüre Hinweise auf die Arbeit von Friedrich Engels „Der Ursprung der Familie, des Privateigentums und des Staats". Also beschloß ich, dieses Buch zu kaufen und zu lesen.

Ich weiß heute natürlich nicht mehr genau, was ich damals verstanden habe und was nicht. Aber beeindruckt hatte mich das Gelesene; also muß ich doch einiges begriffen haben. Und sofort versuchte ich, meine gerade erworbenen Kenntnisse des Marxismus an den Mann zu bringen. Gute Gelegenheit bot mir dafür eine Klassenarbeit in Geschichte, deren Thema der Übergang von der Urgesellschaft zur Sklaverei war. Unter Bezug auf Engels wies ich in meinen Ausführungen darauf hin, daß unser Lehrbuch überholt sei und auch der Lehrer sich nicht auf dem neuesten Stand der Erkenntnis befinde. Nicht Urgemeinschaft — Sklaverei — Feudalismus usw. hießen die historischen Entwicklungsstufen der Menschheit, sondern Wildheit — Barbarei — Zivilisation. So hätte ich das bei Friedrich Engels gelesen, und der sei schließlich ein „Klassiker" und müsse das wissen.

Von meinem Erfolg überzeugt, wartete ich gespannt auf

die Rückgabe der Arbeit. Noch heute wird mir unbehaglich, wenn ich an den Reinfall denke! Mein Pamphlet war weder unter den sehr guten noch unter den guten, auch nicht unter den genügenden und den mangelhaften Arbeiten — es war die einzige ungenügende Leistung. „Thema verfehlt" leuchtete es mir unter der „5" rot entgegen. Nicht die schlechte Note schockierte mich, das kam schon mal vor. Aber hier lagen die Dinge anders: Mit Friedrich Engels im Rücken war ich meiner Sache absolut sicher gewesen.

Ich begriff die Welt nicht mehr. Den Geschichtslehrer achtete ich wegen seines umfangreichen Wissens; sollte er etwa das Buch nicht gelesen haben? Immerhin war er ein Genosse der SED — davon gab es an der Schule noch nicht allzu viele — und konnte wohl kaum gegen Engels sein. Leider habe ich seinen Namen vergessen. Aber ich verdanke ihm viel. Nach der Stunde nahm er mich beiseite, lobte meinen Eifer, selbständig Friedrich Engels zu lesen, wies mich aber zugleich darauf hin, daß das ernsthafte Arbeit bedeute. Und er erklärte mir, daß die in diesem Buch von Engels verwendete Periodisierung veraltet, wissenschaftlich überholt sei.

Zuerst verstand ich gar nichts. Wie konnten Ansichten von Marx oder Engels überholt sein? Überall verkündeten Losungen, wie aktuell ihre Auffassungen seien. Galt das nicht für alles? Fragen über Fragen stürmten auf mich ein. Erst viel später, als ich das Buch des Amerikaners Lewis Henry Morgan (1818—1881) „Die Urgesellschaft. Untersuchungen über den Fortschritt der Menschheit aus der Wildheit durch die Barbarei zur Zivilisation", das Engels für seine Arbeit benutzte, selbst gelesen hatte, wurde mir klar, wie schwierig es für meinen Lehrer gewesen sein muß, mir die Zusammenhänge begreiflich zu machen.

Damals hätte mein erster leicht auch mein letzter Klassiker sein können, wenn ich nach der Enttäuschung resigniert hätte. Doch dank der moralischen und geistigen Unterstützung meines Lehrers half mir dieses Erlebnis, eine Erkenntnis zu gewinnen: Es genügt nicht, Werke von Theoretikern wie Marx, Engels und Lenin — aber auch andere theoretische Bücher — lediglich als Zitatensammlung zu benutzen oder als Autoritätsbeweis anzuführen. Man muß sie lesen, um in das Denken der Verfasser, in ihre Ideen und Theorien selbst einzudringen; es geht nicht um ein Begreifen der Buchstaben, sondern um das Verstehen des Wesentlichen, des Lebendigen dieser Theorie.

So wurde mir durch eine nachhaltig wirkende Fünf eine Erfahrung vermittelt, die Wladimir Iljitsch Lenin (1870—1924) einmal so beschrieben hat:

„Bestünde das Studium des Kommunismus nur darin, sich das anzueignen, was in den kommunistischen Werken, Büchern und Broschüren dargelegt ist, so könnten wir allzu leicht kommunistische Schriftgelehrte oder Prahlhänse erhalten, das aber würde uns weiter nichts als Schaden und Nachteil bringen, denn diese Leute, die nur gelernt und gelesen hätten, was in den kommunistischen Büchern und Broschüren steht, würden sich als unfähig erweisen, alle diese Kenntnisse zusammenzufassen, und würden nicht so handeln können, wie es der Kommunismus wirklich verlangt...

Ohne Arbeit, ohne Kampf ist das aus den kommunistischen Broschüren und Werken geschöpfte Bücherwissen über den Kommunismus keinen Pfifferling wert..."[1]

Seit meinem ersten „Erlebnis" mit Engels habe ich oft Gelegenheit gehabt, selber mit jungen Menschen, mit Schülern und Lehrlingen, mit Studenten und Aspiranten, kleinere oder auch umfänglichere Werke von Marx, Engels und Lenin zu lesen. Und mir ist es nicht selten begegnet, daß sich jemand über ein Zitat freute, wenn er es bei Marx entdeckt hatte — und es war doch nur die Hälfte eines Gedankens; oder daß jemand exakt nach Studienanleitung von Seite x bis Seite y las, um zu belegen, was er vorher schon im Lehrbuch gelesen hatte — und dann natürlich alles trocken oder altbekannt fand; oder daß jemand über Marx und Engels redete, ohne eine Zeile von ihnen bewußt gelesen zu haben — und darum eigentlich gar nicht mitreden konnte. Sicher ist es nicht notwendig, alles durchzuarbeiten, was Marx, Engels und Lenin geschrieben haben. Das füllt bekanntlich viele Bände. Die auf mehr als 100 Bände geplante Marx-Engels-Gesamtausgabe (MEGA) zählt heute bereits fast 40 Bücher. Aber wer den Marxismus-Leninismus wirklich kennen will, muß einiges von seinen Begründern gelesen haben. Wenn man zum Beispiel von Johann Wolfgang Goethe (1749—1832) den „Erlkönig" gelernt und den „Egmont" gesehen hat, dann kennt man

Mit dem Band 1 der Ersten Abteilung der Marx-Engels-Gesamtausgabe (MEGA) wurde ein gewaltiges Publikationsvorhaben begonnen.

etwas von Goethe, aber man kennt damit nicht Goethe. So verhält es sich auch mit Marx, Engels und Lenin.

Natürlich liest man von sich aus nur etwas, von dem man weiß — oder annimmt —, daß man es für sich und sein Leben benötigt oder daß es einem Spaß macht und unterhaltsam ist. Bezogen auf Werke des Marxismus-Leninismus, hört man manchmal von Schülern oder Studenten die nicht gerade begeisternd klingende Meinung „Marx ist Muß", in der sogar etwas von Langeweile mitzuschwingen scheint. Tatsächlich gehört die Aneignung der Grundlagen des Marxismus-Leninismus zu den theoretischen Pflichten eines jeden Lernenden in unserem Land, weil damit die grundsätzlichen wissenschaftlichen Einsichten in unsere Zeit und ihre Bewegungsgesetze vermittelt werden. Für uns zählt der Marxismus-Leninismus zum unverzichtbaren Bildungsinhalt eines modernen Wissens. Darüber hinaus aber stellt er als Weltanschauung der Arbeiterklasse eine Orientierung dar, die auch für den einzelnen Menschen von großer persönlicher Bedeutsamkeit sein kann.

In diesem Büchlein geht es jedoch um einen anderen Bereich der Beschäftigung mit Marx. Es gibt in der Welt von heute nämlich nicht wenige Leute, die behaupten, Marx habe den Menschen nichts mehr zu sagen; das Interesse am Marxismus sei geschwunden; selbst in den sozialistischen Ländern und hier besonders unter der Jugend sei Marx „überholt" und ohne Einfluß. Gleichzeitig gibt es nicht wenige Leute, die sich die Finger wund schreiben gegen den Marxismus und seine angeblich „verderbliche" Wirkung auf die Menschen. Und erstaunlicherweise sind das oft dieselben Leute. Das scheint ein Widerspruch zu sein. Wie kommt es, daß die Attacken gegen den Marxismus-Leninismus zunehmen, obwohl sein Einfluß angeblich abnimmt?

Inhalt und Umfang, Mittel und Methoden, Theoretiker und Institutionen der gegenwärtigen Kritik am Marxismus-Leninismus bilden den Gegenstand dieser Arbeit. Dem Leser soll Gelegenheit gegeben werden, nicht allein die verschiedenen Angriffe auf Marx kennenzulernen, sondern dabei auch zu prüfen, inwieweit er selbst gegen solche Attacken polemisieren kann.

Vielleicht provoziert das Büchlein Fragen oder andere Ansichten, vielleicht fordert es Diskussionen heraus. Vielleicht entdeckt der eine oder andere beim Nach- und Weiterlesen bei Marx für sich das geistige Vergnügen solcher Lektüre. All das ist beabsichtigt.

Wie aus Marxismus Marxologie wird

Da versichern nun schon viele Jahre die gelehrten und gelehrtesten Leute Europas mit wichtiger Miene (und die Zeitungsschreiber und Journalisten wiederholen und variieren es), daß der Marxismus von der „Kritik" bereits aus seiner Position vertrieben sei – und trotzdem macht sich jeder neue Kritiker von neuem daran, diese angeblich bereits zerstörte Position unter Feuer zu nehmen.

W. I. Lenin, 1901

An Marx kommt keiner vorbei

„Wir ehren in Karl Marx den größten Sohn des deutschen Volkes"[1], heißt es in den Thesen, die das Zentralkomitee der SED zum Karl-Marx-Jahr 1983 veröffentlicht hat. In dieser Feststellung kommt *unsere* Wertschätzung der Persönlichkeit von Marx zum Ausdruck. Sein Leben ist vielen Menschen bekannt; sein Werk wird nicht nur studiert, sondern es wird in den sozialistischen Ländern Wirklichkeit. Marx steht so nicht für eine abgeschlossene Doktrin, sondern für eine lebendige Theorie, die dazu dient, die Welt zu erkennen und zu verändern.

Eine überragende Rolle spielt Marx aber nicht allein in der sozialistischen Welt und im Denken von Kommunisten. Der ehemalige führende CDU-Politiker Rainer Barzel schrieb 1982 in einem großen Artikel über Marx: „Zu unseren Lebzeiten kommt keiner an Karl Marx vorbei."[2] Man hält nichts von der Marxschen Theorie, man möchte nichts mit ihr zu tun haben, man betont die Distanz und Ablehnung — und doch muß man der tatsächlichen Wirkung Tribut zollen.

Und so geht das nun schon über hundert Jahre!

Als man 1918 den 100. Geburtstag von Karl Marx feierte, meldete sich unter anderen der Nationalökonom Robert Wilbrandt (1875–1954) zu Wort. In seinem einführenden Büchlein „Karl Marx", geschrieben als Kritik an Marx, kommt der Autor am Ende seiner Überlegungen zu dem bemerkenswerten Schluß: „Er war kein Gott, er war ein Mensch, doch einer, der es wert ist, gekannt zu sein."[3]

Natürlich trifft man auch auf Meinungen ganz anderer Art. Besonders häufig findet sich der Vorwurf, daß Marx mehr ein Prophet denn ein Wissenschaftler gewesen sei, eine Art Messias mit Sendungsbewußtsein, der eine neue „Heilslehre" für die Unterdrückten der Welt geschaffen habe. „Marx war nicht nur ein Künder des kommenden Reichs, ein Prophet", schreibt der Schweizer Philosoph und Marxkritiker Arnold Künzli in seiner „Psychographie" (!) über Marx, „sondern wohl mehr noch ein Enthüller des dem Heilsgeschehen zu Grunde liegenden letzten Sinnes, ein Apokalyptiker."[4] Solche Äußerungen richten sich gegen das nüchterne, sachliche Forschen von Marx, gegen die Wissenschaftlichkeit seiner Positionen. Darauf weist auch bereits die Bezeichnung „Psychographie" hin. Im Unterschied zur üblichen „Biographie", in der das Leben eines Menschen dargestellt wird, geht es hier um das „Seelische", das „Unbewußte" im Menschen.

Das läßt sich aus der Sicht von Marxkritikern aber durchaus noch steigern. Eine 1982 erschienene Arbeit zur „Lehre von Karl Marx" behauptet, das gewaltige Werk von Marx „Das Kapital" enthalte „keine neuen, sachlich richtigen Erkenntnisse"[5]. Aus dem Wissenschaftler Marx wird so ein „Mystiker", ja eigentlich ein Scharlatan.

Direkt bösartige und zugleich äußerst primitive Entstellungen kommen zumeist aus dem Lager der Überläufer und Renegaten, die mit ihrem „Abgang" aus dem Sozialismus oder aus der kommunistischen Bewegung auch ihre Weltanschauung radikal ablegen. In den von ihnen fabrizierten, kaum noch lesbaren Machwerken entfachen sie gewöhnlich regelrechte Schimpfkanonaden gegen Marx.

Karl Marx in jungen Jahren

Er wird als „schizophren", als „weltfremder Stubenhocker" und „ideenarmer Abschreiber" denunziert, der „völlig außerhalb der deutschen Geistestradition" und „unter dem geistigen Niveau seiner Zeit" gestanden habe. Bereits Lenin bemerkte in einer Arbeit über „Marxkritiker": „Niemand entstellt Marx dermaßen wie die ehemaligen Marxisten, niemand schiebt mit einer so unglaublichen Un ... Un ... Unverfrorenheit dem kritisierten Schriftsteller tausendundeine Todsünde in die Schuhe."[6]

Es ist schon interessant, ja amüsant, manchmal allerdings auch peinlich, wie sich die Wertungen und Standpunkte zu Karl Marx seitens der verschiedenen Gegner und Kritiker zueinander verhalten, wie unterschiedlich, ja gegensätzlich vieles ist oder wie stereotyp einmal aufgetischte Erfindungen wiederkehren. Doch wie immer die Positionen aussehen, ob es sich um seriöse Analysen, um sachliche Forschung und Kritik handelt oder um bloßes Geschwätz oder um böswillige Verleumdung — eins zeigt sich stets aufs neue: Niemand kommt an Marx vorbei.

Es gibt heute keine ernsthafte und ernst zu nehmende politische Bewegung und theoretische Richtung, keine Partei oder Kräftegruppierung, die sich nicht in der einen oder anderen Weise mit dem Marxismus-Leninismus beschäftigen muß.

Warum ist das so?

Marx, Engels und Lenin erarbeiteten bekanntlich in einem komplizierten und mühevollen Entwicklungsprozeß die wissenschaftliche Weltanschauung der Arbeiterklasse, jene Theorie, welche die historische Mission dieser Klasse begründet und formt. Diese theoretische Gesamtkonzeption, der Marxismus-Leninismus, ist seither das geistige Fundament für die politischen, ökonomischen und ideologischen Kämpfe der Arbeiterklasse, vor allem ihrer fortgeschrittensten Vertreter in den kommunistischen und Arbeiterparteien. Für die Gestaltung der sozialistischen Gesellschaft bildet sie die theoretische Handlungsgrundlage. Deshalb eignen sich die Kommunisten in aller Welt den Marxismus-Leninismus an. In den Ländern des Sozialismus wird die sozialistische Ideologie für immer mehr Menschen zur bestimmenden Weltanschauung, obwohl die Gewinnung der marxistisch-leninistischen Erkenntnisse durchaus keine leichte Sache ist. Hierbei handelt es sich um eine folgerichtige Handlungsweise: Diejenigen, welche diese Weltanschauung benötigen, um sich ihre Welt richtig zu gestalten, eignen sie sich an. Das stolze Wort des jungen Karl Marx „Wie die Philosophie im Proletariat ihre *materiellen*, so findet das Proletariat in der Philosophie seine *geistigen* Waffen"[7] besagt natürlich auch, daß man sich dieser seiner geistigen Waffen bemächtigen muß.

Warum aber beschäftigen sich andere Klassenkräfte und Bewegungen ebenfalls mit dem Marxismus-Leninismus?

Einzusehen ist das bei solchen fortschrittlichen Kräften wie den nationalen Befreiungsbewegungen, bei anderen antiimperialistischen Gruppierungen, vor allem auch bei der stetig wachsenden Friedensbewegung und verschiedenen Protestbewegungen, wie sie heute in der kapitalistischen Welt existieren. Auf ihrer Suche nach theoretischen Begründungen und Einsichten stoßen sie nicht zufällig auf Marx; seine bisherige gewaltige Wirkung auf das fortschrittliche Denken bildet eine Herausforderung, der sich solche Kräfte mehr oder weniger bewußt stellen. Selbst wenn sie sich dem Marxismus skeptisch nähern, wenn sie Vorbehalte haben, wenn sie die weltanschaulichen Aussagen ablehnen, suchen sie nach konkreten Antworten auf ihre Fragen — und finden sie häufig, obgleich in einem widerspruchsvollen Prozeß, der nicht ohne Auseinandersetzungen, Rückschläge und Verluste abläuft.

Ganz anders verhält es sich mit den verschiedenen ausgesprochen bürgerlichen Positionen zum Marxismus. Die Bourgeoisie als Klasse steht zur Arbeiterklasse in unversöhnbarem Gegensatz; das betrifft alle Lebensbereiche, wie harte ökonomische Kämpfe, scharfe politische Auseinandersetzungen und auch vielfältige ideologische Streite sichtbar machen. Der Marxismus-Leninismus als Weltanschauung der Arbeiterklasse ist daher für einen Vertreter der Interessen der Bourgeoisie, der bürgerlichen Gesellschaft, also für einen bürgerlichen Ideologen, nicht zu akzeptieren. Ob dieser sich nun sachlich und betont objektiv mit den Lehren von Marx befaßt oder ob er sie lediglich verballhornt, ob er sie theoretisch zu analysieren versucht oder sie frontal angreift und verleumdet — in keinem Fall vermag er sich auf den Standpunkt von Marx, Engels und Lenin zu stellen. (Es sei denn, er verläßt seine bisherigen, bürgerlichen Positionen und ergreift Partei für die Arbeiterklasse.) Daher kann man sagen, daß in dem Verhältnis der Bourgeoisie und ihrer Theoretiker zum Marxismus-Leninismus die Beziehung zur Arbeiterklasse, vor allem aber zu der organisierten Arbeiterbewegung theoretisch zum Ausdruck kommt.

Daraus erklärt sich auch, warum sich bürgerliche Kräfte, wie unter einem Zwang handelnd, mit dem Marxismus-

Leninismus beschäftigen müssen, ob sie es im einzelnen nun wollen oder nicht. Aus der Geschichte wissen wir, daß sich Bourgeoisie und Proletariat als zwei Klassen entwickelten, die sich zwar unversöhnlich – antagonistisch – gegenüberstehen, die aber die beiden Hauptklassen *einer*, nämlich der kapitalistischen Produktionsweise sind. In diesem Sinn gehören sie also zusammen, stellen die beiden Grundklassen des Kapitalismus dar, ohne den diese Gesellschaftsordnung nicht existieren kann. Jede der beiden Klassen macht sich ihr Bild von sich selbst, von ihren Zielen und Interessen – und auch von der gegnerischen Klasse. Im Marxismus-Leninismus sind die Interessen und Ziele der Arbeiterklasse fixiert; aber er enthält zugleich eine gründliche Charakteristik der Bourgeoisie. Die Bourgeoisie besitzt keine solche einheitliche theoretisch-weltanschauliche Grundlage. Sie nutzt die verschiedenen Disziplinen von der Soziologie bis zur Volkswirtschaftslehre und unterschiedliche Denkschulen, um sich ein Bild von sich selbst, von ihren Zielen und Interessen zu machen.

In der geistigen Auseinandersetzung prallen nun die unterschiedlichen Ansichten aufeinander. Dabei geht es auch um die geistige Herrschaft in der kapitalistischen Gesellschaft, die die Bourgeoisie innehat und nicht verlieren will. Folglich ist sie faktisch gezwungen, sich ständig, intensiv und so umfassend wie nur möglich mit dem Marxismus-Leninismus zu beschäftigen. Letztlich geht es darum, der Arbeiterklasse ihre eigene weltanschauliche Grundlage zu zerstören und statt dessen bürgerliche Positionen anzubieten.

Die Beschäftigung mit dem Marxismus-Leninismus seitens der bürgerlichen Ideologen zählt so zu den wichtigsten Bereichen des Kampfes gegen den Vormarsch der Arbeiterbewegung, gegen den Sozialismus und den gesellschaftlichen Fortschritt überhaupt.

Allerdings existiert keine einheitliche Front des Kampfes gegen den Marxismus-Leninismus. Auf den ersten Blick kann man sogar den Eindruck gewinnen, daß es im Lager der bürgerlichen Kräfte alles mögliche gibt – auch Anhänger von Marx. Aber dieses Bild täuscht. Schauen wir uns die verschiedenen Gruppierungen an, die sich von bürgerlichen Standpunkten aus mit Marx beschäftigen.

Da finden wir zuerst jene Wissenschaftler, welche sich mit dem Marxismus aus wissenschaftlichem Interesse befassen, ihn studieren, um ihn schließlich einer — aus ihrer Sicht sogar objektiv-sachlichen — Kritik zu unterziehen. Das sind Historiker und Soziologen, Philosophen und Ökonomen, für die Marx eine große Persönlichkeit des geistigen Lebens — vor allem des 19. Jahrhunderts — darstellt, die näher kennenzulernen sich lohnt. Hier wird zumeist eine seriöse Forschung betrieben, sowohl zum Leben als auch zum Werk von Marx. Die Achtung, die solche Theoretiker Marx entgegenbringen, hindert sie natürlich nicht, den Anspruch abzulehnen, daß der Marxismus die wissenschaftliche Weltanschauung der Arbeiterklasse darstellt. Für sie ist der Marxismus eine historisch entstandene Theorie, die aus wissenschaftstheoretischem und wissenschaftshistorischem Interesse untersucht werden muß, so wie viele andere Theorien auch. Die Arbeiten dieser Wissenschaftler bereichern durchaus die Marx-Engels-Forschung; nur wenn es um den Marxismus-Leninismus als Gesamtkonzeption geht, wird der bürgerliche Gesichtspunkt deutlich. Zwischen Marxisten und solchen Marxforschern existieren fruchtbare Kontakte, die von gemeinsamen Forschungen bis zu heftigen theoretischen Disputen reichen.

Eine andere Gruppierung wird durch jene bürgerlichen Theoretiker repräsentiert, welche Marxsche Gedanken für ihre eigenen Theorien ausnutzen. Es gibt heute nicht wenige bürgerliche Denker, Theorien und ganze Disziplinen, die ohne — und oft recht kräftige — Anleihen bei Marx gar nicht denkbar wären. Hier erfolgt die Beschäftigung nicht in erster Linie unter dem Gesichtspunkt der Kritik, obwohl sie auch nicht zu kurz kommt, sondern es geht um das Suchen attraktiver, nützlicher Ideen für den einzelnen Theoretiker. Dabei werden die Ansichten von Marx und Engels fein säuberlich geteilt, die einen von den anderen gelöst, Zusammenhänge aufgehoben, Begründungen abgetrennt. Im Ergebnis findet man dann einzelne Begriffe und Kategorien, einzelne Ansichten von Marx und Engels in den verschiedenen bürgerlichen Auffassungen; aber was Marx eigentlich zu Marx gemacht hat, das Wesentliche des Marxismus, bleibt dabei auf der Strecke. Unter der Losung „Was daran Wissenschaft ist, ist eingegangen in die allgemeine Wissenschaft"[8], wie sie der bürgerliche Philosoph Karl Jaspers (1883—1969) formulierte, wird das übrige — und das ist eben alles, was nicht ins bürgerliche Wissenschaftsverständnis paßt — zu den Akten gelegt. Einen solchen Marx, der sich von anderen bürgerlichen Denkern kaum noch unterscheidet, kann man getrost „beerben".

Eine weitere Gruppe bilden jene Marxkritiker, welche heftige Angriffe gegen wichtige Bestandteile des Marxismus-Leninismus richten, damit aber die Absicht verbinden, andere Anschauungen von Marx „zu retten". Solchem Umgang mit dem Marxismus liegt häufig die Meinung zugrunde, zwischen verschiedenen Lebensetappen von Marx — so zwischen dem „jungen" und dem „alten" Marx — oder auch zwischen Marx einerseits und Engels andererseits, manchmal sogar zwischen Marx und Engels auf der einen, Lenin auf der anderen Seite gäbe es derartige Unterschiede, daß es notwendig sei, nach dem eigentlichen, dem „originalen" Marx zu suchen. „Was Marx wirklich sagte" oder „dachte", wird so zum Feld von Textmanipulation und Spekulation, von tiefenpsychologischen Deutungsversuchen und biographischen Fälschungen. Diese Art der Kritik erweckt oft den Eindruck, als müsse man Marx vor sich selbst, vor schlechten Ratgebern oder vor seinen heutigen Interpreten im Marxismus-Leninismus „retten". Die damit verbundene Absicht tritt recht deutlich hervor: Marx soll von seinem Werk, wie er es geschaffen hat und wie es heute wirkt, getrennt werden. Dann wäre er „gereinigt" und für einen bürgerlichen Theoretiker akzeptabel.

Schließlich finden wir im Lager der bürgerlichen Marxkritik die frontale Ablehnung. Das sind jene Kräfte, welche Marx in seiner Gesamtheit, einschließlich der Entwicklungen durch Engels und Lenin, bis zur Gegenwart in Gestalt des Marxismus-Leninismus nicht nur kritisieren, in Frage stellen und ablehnen, sondern auch militante Kampfpositionen einnehmen. Marx und sein Werk werden geradezu verteufelt, man „sieht in Marx den öffentlichen Feind Nummer eins"[9], wie es Gus Hall, der Generalsekretär der Kommunistischen Partei der USA, einmal ausdrückte. Die offene Feindschaft gegenüber Marx treibt oft wilde Blüten:

Primitive Angriffe, dicke Lügen, grobe Fälschungen gehören ebenso dazu wie lautstarke Schmähungen. Diesen Kräften geht es um die „Abschaffung" des Marxismus, um seine Vernichtung. Und das bezieht sich meist nicht allein auf theoretische Gebilde, sondern auch auf Menschen und ganze gesellschaftliche Ordnungen. Solche Art von Marx„kritik" — soweit man noch von Kritik sprechen kann — ist stets mit einem maßlosen und rabiaten Antikommunismus verknüpft. In den achtziger Jahren hat dieses Umgehen mit dem Marxismus wieder zugenommen; gerade deshalb ist es notwendig, sich etwas genauer damit zu beschäftigen.

Ewige Hoffnung: ein zahnloser Marxismus

Wie wir sahen, stellt die Marxkritik ein recht buntes Gemisch unterschiedlicher Anschauungen dar. Und dabei haben wir uns nur auf die wichtigsten konzentriert; dazwischen existieren noch viel mehr Varianten und Abarten. Allen gemeinsam ist die Ablehnung des Marxismus-Leninismus in seiner wirklichen Gestalt. Ob im Zentrum der Bemühungen die Widerlegung oder die Abschaffung steht, ob es um theoretische Kritik oder um antikommunistische Anwürfe geht — letztlich richtet sich das Bemühen der bürgerlichen Marxkritik immer gegen den Vormarsch des Marxismus, gegen seine tiefen Wirkungen im Bewußtsein der werktätigen Massen. Natürlich ist es für die geistige Auseinandersetzung keineswegs unwesentlich, welche Form der Marxkritik vorherrscht, ob man gegen Argumente polemisieren kann oder ob man es mit primitiven Beschimpfungen zu tun hat. Doch so wichtig solche Differenzierungen sind, es darf nicht vergessen werden, daß alle bürgerliche Marxkritik eine ideologische Kampfposition *gegen* den Marxismus-Leninismus darstellt.

Überschaut man die bürgerliche Marxkritik in ihrer Vielfalt und Buntheit, dann zeigt sich ein typisches Merkmal, das immer wieder auftritt: Sämtliche bürgerlichen Marxkritiker können, wollen oder dürfen den Marxismus-Leninismus nicht verstehen. Wie eine Erkenntnisbarriere türmen sich die eigenen Interessen auf, die man nicht zu überwinden vermag. Insofern bleibt der Marxismus-Leninismus selbst für einen um sachlichen Zugang bemühten Kritiker, sofern er den bürgerlichen Klassenstandpunkt vertritt, ein Buch mit sieben Siegeln.

Wie erklärt sich das? Die Marxsche Lehre stellt doch keine Geheimlehre dar, sondern ist für die große Masse der Arbeiter gedacht. Woher kommen dann diese Verständigungsprobleme bei bürgerlichen Ideologen? Sicher gibt es nicht wenige unter ihnen, die sich gar nicht die Mühe machen, Marx zu verstehen. Oft fehlen ihnen auch die Voraussetzungen für ein derart anspruchsvolles Studium. Und ein innerer Zwang, in das Wesen des Marxismus einzudringen, ist nicht vorhanden. Denn diese Leute benötigen den Marxismus ja nicht als aktuelles theoretisches Konzept zur Erforschung und Veränderung der Wirklichkeit, als Anleitung zum Handeln. Und so begnügen sich nicht wenige Marxkritiker mit dem niveaulosen Wiederkäuen und Nachbeten von oberflächlichen Kritiken am Marxismus, die durch die Theorie und Praxis des Sozialismus längst widerlegt sind.

Bei ernsthaften Marxkritikern sieht die Sache schon etwas anders aus. Sie analysieren die Theorie, betrachten die einzelnen Bestandteile kritisch, sortieren und bewerten in unterschiedlicher Weise. Wie wir gesehen haben, akzeptieren viele von ihnen auch bestimmte Teile oder einzelne theoretische Aussagen: Anschauungen von Marx über die Produktivkräfte oder über die Beziehungen von Basis und Überbau, über die Existenz von Klassen und Klassenkampf in der Geschichte, über die Notwendigkeit einer neuen, sozialistischen Gesellschaft. Solche und auch andere Positionen können von bürgerlichen Marxkritikern und bürgerlichen Denkern überhaupt durchaus anerkannt werden. Selbst die Feststellung, daß der Kapitalismus überholt sei und durch eine neue, vielleicht sozialistische Gesellschaft ersetzt werden müsse, ist kein großes Problem für manche bürgerliche Ideologen. Bis dahin können sie sogar mit Marx argumentieren.

Was aber kein bürgerlicher Ideologe anerkennen kann, ohne daß er aufhört, ein Interessenvertreter der Bour-

Daß es in den Händen der Arbeiterklasse liegt, die alte Gesellschaft zu überwinden und eine neue, sozialistische Ordnung zu gestalten, daß es sich dabei um einen gesetzmäßigen Prozeß handelt und daß der Marxismus-Leninismus das erkennbar und durchschaubar gemacht hat — das muß für einen bürgerlichen Denker unverständlich bleiben, das muß er als Glauben oder Heilslehre abtun, weil er sonst die Existenz seiner Klasse in Frage stellen würde. Ein Marxismus als eine Theorie unter anderen, ein Marxismus als Mittel der Gesellschaftskritik, selbst ein Marxismus als Grundlage für reformerische Veränderungen der Gesellschaft — das alles ist möglich; Marxismus-Leninismus als theoretische Grundlage revolutionärer gesellschaftlicher Entwicklungsprozesse muß dagegen außerhalb der Betrachtungen bleiben. Nach dem Motto: Wenn schon der Marxismus nicht zu verhindern ist, dann aber ein zahnloser, einer, der seinen revolutionären Elan eingebüßt hat, wird mit den Ansichten von Marx und Engels umgegangen.

In diesem Zusammenhang ist interessant, daß ein solches Verfahren bei Lenin erst gar nicht versucht wird. Hinter den verschiedensten Attacken auf Lenin — daß er weniger Theoretiker, mehr Politiker gewesen sei; daß er nicht in der europäischen Geistestradition gestanden habe; daß er die Marxsche Theorie subjektiv nach seinen Bedürfnissen gebraucht und mißbraucht habe — verbirgt sich das Eingeständnis, daß sich Lenin nicht von der revolutionären Veränderung, von der Vorbereitung und Durchführung der Oktoberrevolution und von den ersten Schritten des Sozialismus trennen läßt. Das, was man bei Marx und Engels noch meint erfolgreich konstruieren zu können — hier der Theoretiker, der vieles sehr richtig erkannt habe, dort die sozialistische Wirklichkeit, die ganz anders aussehe und mit Marx nichts zu tun habe —, das läßt sich mit Lenin unter keinen Umständen anstellen. Darum verfällt Lenin, verfällt der Leninismus total dem Bann der Kritiker.

Das reicht bis zu dem Versuch, Marxismus und Leninismus einander entgegenzusetzen. Für viele Marxkritiker wäre das Sprengen des Zusammenhangs von Marxismus-

Blick in den Sitzungssaal der Berliner Karl-Marx-Konferenz von 1983

Leninismus bereits ein großer Erfolg. In all diesen Bemühungen wird deutlich, daß es mit den verschiedenen Mitteln und auf den unterschiedlichen Wegen darum geht, dem Marxismus-Leninismus seine lebendige Seele zu nehmen, ihn in ein totes Dogma zu verwandeln, das man dann in aller Ruhe „widerlegen" könnte.

Doch die Hoffnung auf einen solchen zahnlosen Marxismus hat sich immer wieder als Illusion erwiesen. Keiner Generation von Marxkritikern ist es je gelungen, dieses Werk ihrer Kritik zu vollenden. Schon 1894 stellte der damals gerade vierundzwanzigjährige Lenin voller Stolz fest: „Die unwiderstehliche Anziehungskraft, die diese Theorie auf die Sozialisten aller Länder ausübt, besteht gerade darin, daß sie (als das letzte Wort der Gesellschaftswissenschaft) strenge und höchste Wissenschaftlichkeit mit revolutionärem Geist vereint, und zwar nicht zufällig, nicht nur deshalb, weil der Begründer der Doktrin persönlich die Eigenschaften eines Gelehrten und eines Revolutionärs in sich vereinte, sondern, weil sie diese in der Theorie selbst innerlich und untrennbar vereint."[10]

Das gilt auch und noch viel umfassender für die Gegenwart. Als sich zum Beispiel 1983 im Karl-Marx-Jahr in Berlin die Gäste zur Wissenschaftlichen Konferenz des Zentralkomitees der Sozialistischen Einheitspartei Deutschlands versammelten, da repräsentierten 145 Delegationen aus 111 Ländern 95 kommunistische und Arbeiterparteien sowie revolutionäre Vorhutparteien, 31 andere revolutionäre und demokratische Bewegungen und Parteien sowie 18 sozialistische und sozialdemokratische Parteien. Die

23

Werke von Marx, Engels und Lenin zählen seit langem zu den meistgedruckten und meistgelesenen Büchern der Welt.

Gerade weil es der bürgerlichen Marxkritik bisher nie gelungen ist, die Lebenskraft und das Wachstum der Ideen von Marx, Engels und Lenin einzudämmen, geschweige denn zurückzudrängen, haben in den letzten Jahren die militanten Marxtöter wieder größeren Einfluß auf die Auseinandersetzung mit dem Marxismus-Leninismus gewonnen, also jene Kräfte, welche die Weltanschauung der Arbeiterklasse frontal angreifen und total vernichten möchten. Ihnen geht es nicht um ein Differenzieren, um liberale Deutungen, um ein Entgegensetzen von Standpunkten und ähnliches mehr, wie sonst in der Marxkritik üblich. Für sie ist Marx „Murx"! Von Marx über Lenin bis zur heutigen Entwicklung im Sozialismus suchen sie eine einheitliche, natürlich „verderbliche" Linie: Alles Böse kommt von Marx.

Diese militante Marxtöterei ist zwar nicht neu. Hin und wieder tauchte sie früher schon einmal auf. Aber in solcher Massivität wie heute, auch mit solchem internationalen Spektrum hat es eine derartige Marxkritik in der jüngeren Vergangenheit wohl noch nie — mit Ausnahme der faschistischen Angriffe auf den Marxismus — gegeben. Hier wird Marx und alles, was mit ihm zusammenhängt, tatsächlich nur aus einer Richtung, nämlich von rechts, gelesen!

Bevor wir uns dieser Manier der Marxlektüre im einzelnen zuwenden, wollen wir uns hier noch einen knappen Überblick über die Geschichte der Marxkritik verschaffen. Vor allem wollen wir — wenn auch nur in kurzer Betrachtung — erkunden, wie denn welche Argumente der Kritik von wem benutzt worden sind, ob es eine Entwicklung der Marxkritik gibt und wie unter dem historischen Gesichtspunkt die heutige militante Marxkritik zu bewerten ist.

Ein Gespenst geht um...

Die Kritik am Marxismus entsteht mit dem Marxismus. Sie ist also nicht das Ergebnis späterer Entwicklungen, sondern beginnt bereits mit ersten Reaktionen auf die sich herausbildende Theorie von Marx. Man kann folglich durchaus berechtigt sagen, daß die Marxismuskritik die Entstehung, Entwicklung und Verbreitung des Marxismus sehr direkt, faktisch hautnah begleitet.

Jedoch wäre es einseitig, die Kritik am Marxismus allein als ein geistiges Echo auf die Schriften von Marx und Engels, später dann von Lenin und anderen anzusehen.

Marxismuskritik ist mehr als nur ideologischer Reflex auf die Weltanschauung der Arbeiterklasse; stets geht es auch um die politischen Kämpfe der Arbeiter, um ihre Organisationen, um ihre internationalen Verbindungen. Bürgerliche Marxismuskritik muß also verstanden werden als ideologische und theoretische Reaktion auf die Herausbildung und Stärkung der revolutionären Arbeiterbewegung, auf die Gestaltung des Sozialismus und auf die Entstehung und Entwicklung des Marxismus-Leninismus.

In diesem umfänglichen Sinn hat die bürgerliche Marxkritik ihre eigene, schon mehr als hundertjährige Geschichte.

In ihrer Frühzeit, etwa zwischen den vierziger Jahren des 19. Jahrhunderts und der Pariser Kommune von 1871, kann man beobachten, wie sich diese Kritik zu formieren beginnt. Da ist ein Schwanken festzustellen zwischen schnellen, hektischen Reaktionen — wenn zum Beispiel die frühen Arbeiten von Marx „Zur Judenfrage" und „Die heilige Familie" (gemeinsam mit Engels) bereits zu heftigen Polemiken in Zeitungen und Zeitschriften führten — und dem Versuch, die Werke von Marx totzuschweigen. Rückblickend auf diese Zeit, schrieb Karl Marx darüber selbst einmal: „Wenn man mit seinem Denken die ausgefahrenen Geleise verläßt, kann man immer gewiß sein, zunächst ‚boykottiert' zu werden; das ist die einzige Verteidigungswaffe, die die *routiniers* in ihrer ersten Verwirrung zu handhaben wissen. Ich bin in Deutschland viele Jahre lang ‚boykottiert' worden und werde es in England immer noch, mit der kleinen Variation, daß von Zeit zu Zeit etwas derart Absurdes und Eselhaftes vom Stapel gelassen wird, daß ich erröten müßte, öffentlich davon Notiz zu nehmen."[11]

Die unterschiedlichen Reaktionen erklären sich daraus, daß die einen bürgerlichen Ideologen noch voller Überheblichkeit auf die theoretischen Bemühungen von Marx und Engels herabsahen, daß sie sie für einen der vielen sozialistischen Träume dieser Zeit hielten und nicht erkannten, daß hier die geistigen Waffen des Proletariats geformt wurden. Neben solchen Unterschätzungen gab es aber bei anderen Repräsentanten des bürgerlichen Denkens frühzeitige Warnungen. Insgesamt waren die Reaktionen auf den sich entwickelnden Marxismus durch Unsicherheit bei der Wahl der Argumente, der Mittel und Methoden charakterisiert. Das hängt auch mit der ideologischen Situation der Bourgeoisie in dieser Zeit zusammen. Bisher war sie davon überzeugt, mit dem Sieg über den Feudalismus den Fortschritt für alle Menschen und für alle Zeiten durchgesetzt zu haben. Sie verstand sich als jene Kraft, welche die beste aller bisherigen Gesellschaften geschaffen hat. Dieser Optimismus beginnt nun jedoch, vor allem unter dem Eindruck der sich entwickelnden Arbeiterklasse und deren Kampfaktionen, zu schwinden. Scharfe Widersprüche künden sich an. Vor allem die politische Reaktion nach den europäischen Revolutionen von 1848/49 führt zu einem geistigen Umschwung: Pessimismus wird zur modernen Welthaltung. Der bis dahin fast völlig vergessene Philosoph Arthur Schopenhauer (1788—1860), der lehrt, daß *„alles Leben Leiden ist"*[12], gewinnt an Einfluß. In einem solchen Klima ist es nicht verwunderlich, daß dem jungen Marxismus so verschiedenartig begegnet wird.

Bereits wenige Jahrzehnte später, in der Etappe zwischen der Pariser Kommune von 1871 und der siegreichen Oktoberrevolution von 1917, gewinnt die Marxismuskritik an Umfang, Intensität und auch Organisiertheit. Der Hauptgrund dafür liegt im Vormarsch der revolutionären Arbeiterbewegung und in ihrer Verbindung mit den Ideen

Die Pariser Kommune von 1871, die mit der Erschießung vieler Kommunarden blutig beendet wurde, bildete auch im bürgerlichen Umgang mit dem Marxismus einen tiefen Einschnitt.

von Marx und Engels. Die bürgerliche Marxkritik formiert sich als theoretische Attacke auf alle Teile des Marxismus, wobei aber das „Kapital" von Marx und seine ökonomischen Erkenntnisse einen zentralen Platz einnehmen.

Typisch für die Art der Kritik ist zum Beispiel die Methode des französischen Kritikers Émile de Laveleye (1822–1892) in seinem 1881 erstmals veröffentlichten Buch „Der Sozialismus der Gegenwart", das 1894 bereits in 9. (!) Auflage erschien. Zunächst behauptet er im direkten Gegensatz zur Wirklichkeit: „Das ganze System von Marx soll auf den 830 nachgedruckten Seiten, die sein Buch enthält, beweisen, wie das Kapital nur durch Raub entstanden sein kann. Es ist dieselbe Schlußfolgerung, die in dem berüchtigten Ausspruch Brissots und Proudhons zusammengefaßt ist: Eigentum ist Diebstahl." Gerade dagegen hat Marx eindringlich und immer wieder polemisiert. Dann wird in diesem fehlerhaften Sinn der Inhalt des „Kapitals" referiert, um letztlich zu der Wertung zu gelangen: „Kurz man kann den gewaltigen und scharfsinnigen Versuch von Marx, sich zum Umsturz der Grundlagen der heutigen Gesellschaft gerade auf die Grundsätze der Nationalökonomie zu stützen, als gescheitert ansehen, weil er nur abstrakte Formeln aufgehäuft hat, ohne den Dingen auf den Grund zu gehen."[13]

Was de Laveleye hier praktiziert, ist eine Form des Umgangs mit Marx, die bis in die Gegenwart anhält. Man rechnet damit, daß der Leser den tatsächlichen Marx nicht kennt. Sonst könnte man nicht so unverfroren behaupten, auch Marx sei von dem Grundsatz ausgegangen, daß Eigentum Diebstahl sei. Nun hat Karl Marx aber schon 1847 in seiner Schrift „Das Elend der Philosophie. Antwort auf Proudhons ‚Philosophie des Elends'" eine prinzipielle Polemik mit den kleinbürgerlich-anarchistischen Ansichten von Pierre-Joseph Proudhon (1809—1865) geführt. Und bis zu seinen Arbeiten am „Kapital" setzt er sich konsequent mit den Auffassungen Proudhons auseinander. Von einer Übereinstimmung zu sprechen ist eine Unterstellung.

Ebenso unhaltbar ist die Behauptung, Marx habe nur abstrakte Formeln aufgehäuft, ohne den Dingen auf den Grund zu gehen. Genau das hat Marx eben nicht getan — ganz im Unterschied zu Proudhon. „Nur dadurch, daß man an die Stelle der conflicting dogmas die conflicting facts [widerstreitenden Dogmen die widerstreitenden Tatsachen] und die realen Gegensätze stellt, die ihren verborgenen Hintergrund bilden, kann man die politische Ökonomie in eine positive Wissenschaft verwandeln"[14], schrieb Marx einmal an Engels, als er bei seinen Studien auf wichtige Fakten über das irische Pachtrecht gestoßen war.

Solchermaßen war der Umgang mit Marx oft nicht von viel Sachkenntnis getrübt. Einmal von irgendwem erhobene unbewiesene Vorwürfe wurden immer wieder angeführt, so, als mache die Masse der Behauptungen den Beweis.

In diesen Jahren, da die bürgerliche Marxkritik schnell zunahm, erhielten die Gegner von Marx auf den Lehrstühlen der Ökonomie und der Philosophie eine gern genutzte Schützenhilfe durch Theoretiker, die sich für Anhänger von Marx ausgaben, ihn jedoch „verbessern" und „modernisieren" wollten. Man nannte sie „Kathedersozialisten". Auch unter Theoretikern, die mit Marx und Engels verbunden waren, kam es zu solchen Erscheinungen. Typisch dafür war die Entwicklung von Eduard Bernstein (1850—1932), ei-

Eduard Bernstein

nem Publizisten der sozialdemokratischen Bewegung, der seit 1888 in London eng mit Friedrich Engels zusammenarbeitete. Nach dem Tod von Engels 1895 begann Bernstein in Artikeln und Büchern eine angeblich notwendige „Revision" des Marxismus zu fordern, worunter er ebenfalls eine Art „Modernisierung" verstand. Er wurde zum Stammvater eines „Revisionismus", der in der Arbeiterbewegung eine unheilvolle Rolle spielte und zu inneren Spaltungen führte. Von Bernsteins vorgetragener Kritik an Marx — an den philosophischen Auffassungen, vor allem an der Dialektik, aber auch an den ökonomischen Positionen — profitieren die Marxkritiker bis heute.

Nicht zuletzt bei der inneren Auseinandersetzung in der revolutionären Arbeiterbewegung mit diesem „Revisionismus" und seinen Konsequenzen für den Kampf der Arbeiterklasse entwickelten sich die neuen Anforderungen an die Polemik gegen alle Versuche, den Marxismus „kritisch" zu bewältigen. In der internationalen Arbeiterbewegung traten Theoretiker wie Rosa Luxemburg (1871–1919) und Georgi Plechanow (1856–1918) hervor. Plechanow analysierte die zeitgenössische Marxkritik gründlich und schrieb über sie: „Es wäre äußerst falsch, anzunehmen, daß der sogenannten Marxismuskritik daran gelegen sei, irgendein ernsthaftes theoretisches Bedürfnis zu befriedigen. Mit der Theorie haben die Herren ‚Kritiker' im Grunde genommen sehr wenig im Sinn. Sie möchten eine bestimmte praktische Tendenz unschädlich machen oder zumindest abschwächen: die *revolutionäre Tendenz* des fortschrittlichen Proletariats."[15]

Mit dem Sieg der Oktoberrevolution 1917 und dem Beginn des Aufbaus einer neuen, sozialistischen Gesellschaft nahm auch die Marxkritik neue Dimensionen an. Sie wurde um die Polemik gegen Lenin erweitert. In den Kampf um die Durchsetzung des Leninismus in der fortschrittlichen Arbeiterbewegung mischte sich die bürgerliche Marxismus-Leninismus-Kritik ständig ein und empfahl den Arbeiterparteien, den Leninismus zu meiden. Es entstand die Legende von dem Leninismus als einer angeblich typisch russischen Variante des Marxismus, die nicht allgemeingültig sei und schon gar nicht anwendbar auf Westeuropa.

Aber seit 1917 geht es in der Kritik am Marxismus-Leninismus um mehr als um eine Auseinandersetzung mit Ideen und Theorien und deren Konsequenzen. Jetzt steht immer auch die sozialistische Wirklichkeit zur Debatte.

Der sich entwickelnde Sozialismus in der Sowjetunion wurde zum lebendigen Beweis für die Richtigkeit des Marxismus-Leninismus, für die reale Möglichkeit, auf der Grundlage dieser Theorie eine neue Gesellschaft aufzubauen. Dagegen entwickelte die nunmehr imperialistische Bourgeoisie ein ganzes System von Abwehrmechanismen. Die Marxismus-Leninismus-Kritik wird eingebettet in die „Kommunismusforschung", die dem Ziel dient, die sozialistische Welt in all ihren Bestandteilen zu analysieren, zu kritisieren und möglichst — auf lange Sicht — zu destabilisieren. „Kommunismusforschung" und Marxkritik werden zu fest etablierten selbständigen Disziplinen: Tausende bürgerliche Ideologen machen den ideologischen Kampf gegen den Sozialismus und seine wissenschaftliche Weltanschauung zum Gegenstand ihrer Arbeit. Immer enger werden auch die Beziehungen dieser Disziplinen zu den Führungskräften in der Politik und Wirtschaft, zu Bildungseinrichtungen und zu den Medien.

Die bürgerlichen Ideologen weiteten ihre Kritik am Sozialismus in Theorie und Praxis nicht zuletzt deshalb aus, weil mit dem Sieg der Oktoberrevolution große Teile der Arbeiterklasse Europas und Amerikas, aber auch bedeutende Vertreter der Intelligenz eine aufgeschlossene, positive Haltung zu den revolutionären Veränderungen in Sowjetrußland einnahmen. In theoretischen Äußerungen und in Gedichten, in Reisebüchern und Fotos, in Vorträgen und Freundschaftsorganisationen — in vielerlei Gestalt fand die Sympathie für das Neue, das dort im Osten heranwuchs, ihren Ausdruck. Hiermit nahm zugleich das Interesse am Marxismus-Leninismus zu. Dagegen mußte die bürgerliche Ideologie mobilmachen. Jedes Entwicklungsproblem der jungen Sowjetmacht wurde aufgegriffen und negativ dargestellt: mit groben antikommunistischen Strichen wurde das Bild eines „finsteren, unheimlichen Bolschewismus" gezeichnet. Einen besonders primitiven Antikommunismus und Antisowjetismus lieferte die sich ausbreitende faschistische Propaganda. Und mit der Machtergreifung des Faschismus in Deutschland wurde dann ja auch deutlich, daß diese Kräfte im Sozialismus und in seiner fortschrittlichen Weltanschauung ihren politischen und geistigen Hauptfeind sahen, den sie vernichten wollten.

Die Spuren der faschistischen Verteufelung des Marxismus und des Sozialismus haben sich tief in das Bewußtsein vieler Menschen eingegraben. Nach der Niederlage des Faschismus 1945 war es daher für die Gegner des Marxismus und des Sozialismus beinahe selbstverständlich, an diese antikommunistischen Klischees anzuknüpfen. Seit 1946 schürten sie den kalten Krieg, um die antifaschistische Haltung und Gesinnung vieler Menschen in allen Klassen und Schichten der kapitalistischen Länder möglichst schnell in eine antikommunistische Stoßrichtung umzufälschen. Hierzu nutzten sie die plumpe Lüge, Faschismus und Kommunismus ähnelten einander und müßten beide in gleicher Weise abgelehnt und bekämpft werden. Als Begründung für eine solche ungeheuerliche Unterstellung diente und dient die Totalitarismusdoktrin. Diese bürgerliche politische Lehre ist eine willkürliche Konstruktion, in der bestimmte Erscheinungen des politischen Lebens — Staat, Partei, Weltanschauung — formal verglichen werden. Daraus wird dann geschlußfolgert, daß im Sozialismus — ebenso wie im Faschismus — der Mensch einem „totalitären" System politischer und geistiger Macht ausgeliefert sei. Nach den gesellschaftlichen Verhältnissen in ihrer Komplexität, nach den Eigentumsverhältnissen, den Klassen und ihren Beziehungen, den Zielen der Parteien, nach den Inhalten der Ideologien wird nicht gefragt.

Die Totalitarismusdoktrin entwickelte sich schnell zur wichtigsten Begründung für den Antikommunismus und zu einer Waffe im Kampf gegen das politische System des Sozialismus, vor allem gegen die sozialistische Demokratie. Dabei blieb kaum Raum für eine sachlichere Kritik am Marxismus-Leninismus. Auch hier überwogen frontale Attacken. Entweder wurde der Marxismus selbst als eine Irrlehre diffamiert, oder man behauptete, der Sozialismus stelle eine „radikale Verdrehung des echten Marxismus"[16] dar, wie es im „Handbuch des Weltkommunismus" von 1958 zu lesen war.

Die massive und zumeist auch primitive Bekämpfung des Marxismus-Leninismus, eng verbunden mit der ideologischen Diversion, wie sie im kalten Krieg gegen den Sozialismus vorherrschte, erlitt jedoch empfindliche Niederlagen und Rückschläge. Mit der Veränderung des Kräfteverhältnisses in der Welt zugunsten des Sozialismus, mit der schrittweisen Durchsetzung der Politik der friedlichen Koexistenz von Staaten unterschiedlicher Gesellschaftsordnung, mit der Suche nach neuen Wegen in der internationalen Entwicklung gewannen die Ideen von Marx, Engels und Lenin zunehmend an Anziehungskraft. Ihre Gegner sprachen sogar von einer Welle des Marxismus in den kapitalistischen Ländern, von einer marxistischen „Kulturrevolution", die die „freie Welt" des Westens bedrohe. Natürlich war das mehr als Übertreibung. Man versuchte, das Interesse am Marxismus als eine Art Buhmann aufzubauen, gegen den sich dann Front machen ließ.

Tatsächlich wurden in den sechziger Jahren wieder mehr und verstärkt Marx und marxistische Literatur gelesen. Die Studentenbewegungen in den USA und Westeu-

ropa, die Entwicklung einer starken außerparlamentari-
schen Opposition, die Proteste gegen den schmutzigen
Krieg in Vietnam — all diese demokratischen Aktivitäten
schufen ein geistiges Klima, in dem es militanter Antikommunismus und plumper Antimarxismus schwer hatten, den
Ton anzugeben. Der „Geist von Helsinki", also Vernunft
und Realismus in den zwischenstaatlichen Beziehungen
auf der Grundlage langfristiger Verträge und vertrauensbil-
dender Maßnahmen, schien sich auf das geistige Leben
ebenfalls positiv auszuwirken. Es ging ja nicht darum,
plötzlich alle Menschen zu Anhängern von Marx zu machen, sondern darum, die weltanschaulichen Positionen
des anderen zur Kenntnis zu nehmen, sachlich zu diskutieren, auch zu streiten, aber nicht zu schimpfen, zu verleumden und zu diffamieren.

Den reaktionärsten Kräften in der imperialistischen
Bourgeoisie war eine solche Entwicklung nicht recht. In
der Politik drängten sie bereits seit Mitte der siebziger
Jahre — also unmittelbar nach der Unterzeichnung der
Schlußakte von Helsinki 1975 — auf eine Verschlechterung
der Beziehungen, auf eine Konfrontation mit den sozialistischen Ländern. Im ideologischen Kampf riefen sie nach
einem „zweiten kalten Krieg" mit dem Ziel, die eigenen Ansichten möglichst offensiv und weltweit zu verbreiten und
die Ideen des Fortschritts und des Sozialismus einzudämmen. Unter der Losung von der Tendenzwende, von einer
„geistigen Wende" — natürlich nach rechts — wurde ein
Klima erzeugt, das eine sachliche Beschäftigung mit dem
Marxismus, ja selbst eine seriöse Kritik an ihm immer weniger ermöglichte.

Wie sich der von konservativen, reaktionären Kräften
verursachte politische Rechtsruck auf die Ausprägung des
geistigen Lebens auswirkte, kann man gegenwärtig zum
Beispiel daran verfolgen, wie ehemals liberale Politiker und
Theoretiker, sogar linksgerichtete Intellektuelle unter dem
Druck des „Zeitgeistes" eine ganz persönliche Wende
nach rechts vollziehen. Das ist auch in der bürgerlichen
Marxkritik nachweisbar. So trat der Bochumer Politikwis-
senschaftler und Philosoph Bernard Willms 1971 mit der
Forderung an die Öffentlichkeit, daß es höchste Zeit
werde, die „theoretischen Errungenschaften der Dialektik
und vor allem des historischen Materialismus zu wirklichen

Inhalten auch der westdeutschen Wissenschaft zu machen, und zwar in offener Anerkennung"[17]. Das waren selbst für die damalige Zeit recht beachtliche Sätze. Obwohl Willms den Marxismus ablehnte und auch kritisierte, verlangte er doch eine Art „Selbstaufklärung des bürgerlichen Bewußtseins durch den Marxismus" und meinte, der Marxismus sei zwar Ideologie — was bei ihm soviel bedeutete wie nichtwissenschaftlich —, „aber eine solche, die Zukunft hat". Fünfzehn Jahre später, gewandelt durch den Einfluß reaktionärer Denkmodelle und konservativer Anschauungen, hält er die Inanspruchnahme des Idealismus — gemeint sind die Ansichten von Kant, Fichte und Hegel — durch „die Herren Marx und Engels" für absolut „verheerend", da sie nichts anderes erreichten als „das Menschenschinden im Namen der Ideologie"[18]. Willms versucht ganz offensichtlich, durch die Schärfe des Angriffs auf den Marxismus möglichst schnell vergessen zu machen, was er selbst anders gedacht und auch gesagt hat.

Ein solcher „Gesinnungswandel" ist für einen bürgerlichen Ideologen nicht allzu problematisch; schließlich gibt es im geistigen Leben des Kapitalismus auch so etwas wie eine Mode: Moderichtungen des Denkens prägen in bestimmten Zeiten die Öffentlichkeit, wirken sich natürlich ebenfalls auf die einzelnen Theoretiker aus und führen zu solchen Schwankungen. Aber hinter Bewegungen dieser Art stehen selbstverständlich nicht allein modische Veränderungen. Hier geht es darum, daß in einer Reihe entwikkelter imperialistischer Staaten jene Kreise der Monopolbourgeoisie die politische — und auch geistige — Führung übernommen haben, welche auf Konfrontationskurs orientiert sind. Und das beeinflußt entscheidend das Verhältnis zum Marxismus-Leninismus. Auf dem XXVII. Parteitag der KPdSU 1986 wurde in einer gründlichen Analyse hervorgehoben, daß in den letzten Jahren die unversöhnlichsten reaktionären Gruppierungen der herrschenden Klasse die Oberhand gewinnen, die zu einer Gegenoffensive auf allen Gebieten übergegangen sind und einen wesentlichen Rechtsruck bewirkt haben. Dadurch wurden Antikommunismus und Antisowjetismus aktiviert. „Das ist nicht nur Außenpolitik. Im heutigen imperialistischen System ist das auch eine überaus wichtige Richtung der Innenpolitik, ein Instrument des Drucks auf alle fortschrittlichen und progressiven Kräfte, die in den kapitalistischen Ländern, im nichtsozialistischen Teil der Welt leben und kämpfen."[19]

Unter diesem Druck vollziehen sich eben auch solche Veränderungen im ideologischen Bereich, wie wir das bei Willms gesehen haben. Und er ist nur ein Beispiel für viele.

Allerdings gibt es Kräfte, die sich diesem Druck widersetzen, ja, die sich im Widerstand gegen den politisch-ideologischen Rechtsruck deutlicher als bisher zu ihren demokratischen und fortschrittlichen Ansichten bekennen. Vor allem Vertreter der Intelligenz fühlen sich durch die militanten Angriffe auf den Marxismus provoziert, weisen sie zurück und verteidigen den Marxismus sogar gegen solche Art Kritik. Dabei handelt es sich nicht um Marxisten oder um mit dem Marxismus sympathisierende Gruppen oder Personen, sondern um solche, die ein durchaus kritisches Verhältnis zum Marxismus haben, trotzdem aber um sachlichere und seriösere Auseinandersetzungen bemüht sind. Das zeigt sich beispielsweise bei Kräften in der heutigen Sozialdemokratie, bei Vertretern eines liberalen Reformismus, bei alternativen Gruppierungen. Typisch für solche Haltungen ist die Meinungsäußerung des der Sozialdemokratie nahestehenden Marxkritikers Iring Fetscher aus der BRD. Für ihn stellen die Theorien von Marx „eine *philosophische Kritik* der Deformation des Menschen unter den Bedingungen des Kapitalismus dar", sie enthalten eine „Geschichtstheorie, die auf das Ziel einer befreiten, ihre eigenen Angelegenheiten demokratisch verwaltenden Menschheit zuläuft", sie liefern, vor allem im „Kapital", solche Kategorien, „mit deren Hilfe die kapitalistische Produktionsweise in ihrer historischen Gewordenheit und Vergänglichkeit erfaßt werden kann", und sie verbreiten schließlich einen „*Appell* dazu, sich an der Beschleunigung des historischen Prozesses durch eigenes Engagement" zu beteiligen. Daher, so meint Fetscher, geht von der Marxschen Lehre eine „verständliche moralische Faszination" aus. Es ist erklärlich, daß Fetscher es bei dieser äußerst positiven Gesamtwertung nicht bewenden lassen kann. Daher fügt er noch an, daß die Lehre von Marx in der Folgezeit durch Engels, Kautsky, Lenin und andere in eine *„wissenschaftliche Weltanschauung"* verwandelt worden sei, worin er die Entstehung einer Doktrin sieht, die dazu geführt habe, daß die Faszination verlorengegangen sei.[2]

Eine derartige Position unterscheidet sich bei aller Kritik und allem Unverständnis der realen Entwicklung der Theorie des Sozialismus erheblich von den antikommunistischen Unterstellungen der heute vorherrschenden Marxkritik. Nicht selten treten solche Theoretiker auch mit offener Ablehnung und scharfer Polemik gegen das niedrige Niveau gegenwärtiger Marxkritik auf.

Geprägt wird das geistige Klima im Bereich der Beschäftigung mit Marx und seiner Interpretation jedoch nach wie vor von Leuten, die an Marx und dem Marxismus kein gutes Haar lassen, die einen großangelegten Feldzug zur Vernichtung des Marxismus propagieren, die also die unrühmlichen Traditionen der Marxtöter aller bisherigen Generationen fortsetzen.

Das schmutzige Geschäft von Marxologen

Niemand kann für eine Sache kämpfen, ohne sich Feinde zu schaffen. Und er hatte viele Feinde. Während des größten Teils seines politischen Lebens war er der meistgehaßte und meistverleumdete Mann in Europa. Aber er hat die Verleumdung kaum beachtet. Wenn je einer die Verleumdung besiegte, dann war er es.

Friedrich Engels, 1883

Profis am Werk

„Es ist heute unbedingt erforderlich, sich mit den Lehren von Karl Marx auseinanderzusetzen ... Den Sozialismus kann man nicht überwinden, indem man ihn laufend ignoriert, sondern nur mit einer die Massen überzeugenden Alternative."[1] So lauten die einleitenden Bemerkungen zu einem Buch des BRD-Autors Walter Wittmann, das unter dem Titel „Kreuzzug gegen die Realität" erschien und die „ersten hundert Jahre nach Karl Marx" beschreibt. Dabei ist es recht aufschlußreich, mit welcher Begründung der Autor die Auseinandersetzung mit Marx fordert: Nicht der theoretische Streit steht im Mittelpunkt, nicht die Polemik gegen verschiedene Ansichten, sondern die „Überwindung" des Sozialismus. Was aber kann mit einer solchen „Überwindung" gemeint sein, wenn man weiß, daß die Welt des Sozialismus heute einen beträchtlichen Teil unserer Erde und ihrer Bevölkerung umfaßt? Wie kann man etwas überwinden, das so real existiert? Man muß es eben „abschaffen". Zwar spricht der Autor „nur" von der ideologischen Seite – der Auseinandersetzung mit Marx –, doch allein dadurch wird man wohl den Sozialismus nicht überwinden können. Dahinter stecken die alten und gefährlichen Träume von der Vernichtung des Sozialismus und der Schaffung einer „einheitlichen", nämlich einheitlich kapitalistischen Welt.

In dem Buch des ehemaligen hohen britischen NATO-Generals John Hackett „Welt in Flammen. Der Dritte Weltkrieg: Schauplatz Europa" aus dem Jahr 1982 wird zum Beispiel das Szenarium des dritten Weltkriegs, sein genauer Ablaufplan für das Jahr 1985, entworfen. Am Ende des Krieges gibt es keinen Sozialismus mehr, und überall in der Welt haben sich „prowestliche" Regime gebildet. „Es war ein Glück für den Westen", meint der General kaltschnäuzig, „daß der Krieg zu diesem Zeitpunkt ausbrach und nicht später. Die Vereinigten Staaten und Europa hätten sich sonst noch weiter voneinander entfernt."[2]

Diesen unverhohlen militaristischen Geist meiden die Marxkritiker natürlich, obwohl es den schärfsten unter ihnen schon recht ist, wenn das geistige Klima angeheizt wird und Antikommunismus die öffentliche Meinung prägt. Denn unter solchen Bedingungen verkauft sich ihr Marxbild leichter – nämlich ein negatives Bild, ein Antimarxismus mit bösartigen Angriffen und massenhaften Unterstellungen. In einem derartigen politischen und ideologischen Klima fällt es dann auch kaum auf, daß man einerseits den Marxismus immer wieder und lautstark totsagt – „Der Marxismus, der zum Marxismus-Leninismus geworden ist, interessiert keinen ernsthaften Menschen mehr"[3], behauptet der französische Gesellschaftstheoretiker Raymond Aron – und daß man ihn andererseits als eine gewaltige drohende Gefahr hinstellt – „Der Marxismus mit seinen ökonomischen Lehren und Irrlehren ist eine zu ernste und wissenschaftlich anfechtbare sowie gesellschaftspolitisch eine zu gefährliche Sache, um ihn allein den Marxisten im Hochschuldienst zu überlassen"[4], meint der westdeutsche Wirtschaftswissenschaftler Hans-Rudolf Peters, der seit Jahren eine „Marxkritik-Renaissance" fordert.

Bei diesen Bemühungen geht es also nicht mehr um

Das Grabmal von Karl Marx in London – von Neonazis 1981 mit ihrem Zeichen der „Nationalfront" beschmiert

eine kritische Beschäftigung mit dem Marxismus-Leninismus, wie sie im gesamten geistigen Leben auch der kapitalistischen Gesellschaft existiert und eigentlich von jedem ernsthaften Gesellschaftswissenschaftler betrieben wird. Hier geht es um die spezifische Disziplin „Marxismuskritik", die sich in unserem Jahrhundert entwickelt und etabliert hat. Nicht selten wird sie — auch von ihren Vertretern selbst — als „Marxologie" bezeichnet, womit man andeuten will, daß man sich hier *über* Marx ausläßt, von dem man sich distanziert.

Mit der Entwicklung und Ausbreitung einer solchen „Marxologie" entstand zugleich die Kategorie des professionellen Marxkritikers. Bei ihm handelt es sich um einen Philosophen, Soziologen, Historiker oder um einen Journalisten, Literaten, Medienspezialisten, der das Leben und Werk von Karl Marx — meist auch von Friedrich Engels, seltener von Lenin — zum vorrangigen oder ausschließlichen Gegenstand seiner Arbeit gemacht hat. Die Produkte solcher Betätigung reichen von umfänglichen Biographien und mehrbändigen Werkausgaben von Marx und Engels über kritische Untersuchungen zu allen möglichen Problemstellungen des Marxismus bis zu Detailanalysen. Gearbeitet wird für angesehene Verlage und für Boulevardzeitungen, für eigene wissenschaftliche Zeitschriften und Sammelbände, aber auch für Nachschlagewerke, für Lehrbücher und andere massenwirksame Publikationen. Man findet sachlich-nüchternes Herangehen ebenso wie engagiert antikommunistisches Attackieren. Stets aber kommt es den Verfassern darauf an, mit diesen verschiedenartigen und vielfältigen Arbeiten gegen die Ideen des Marxismus-Leninismus zu Felde zu ziehen.

Es sind also Profis der Marxkritik, die mit Marx, indem sie über ihn schreiben und gegen ihn wirken, ihr Geld verdienen.

Solche professionellen Marxkritiker gelten natürlich als *die* Fachleute für den Marxismus. Es wird sich zeigen, ob dieser Ruf berechtigt ist, aber wenn man im Rundfunk und Fernsehen, in der Presse oder auch auf dem Büchermarkt etwas zu Marx benötigt, wendet man sich in der Regel an diese Profis. Seriöse Marxforscher dagegen haben es schwer, ihre Forschungsergebnisse zu publizieren. Schon daran wird sichtbar, daß es eben nicht von Interesse ist, etwas Neues zu Marx und seinem Werk zu erfahren, wenn es sich nicht gegen ihn verwerten läßt.

Versuchen wir einmal, uns die Geisteshaltung solcher Profis zu verdeutlichen. Als Beispiel soll uns der bereits genannte Hans-Rudolf Peters dienen, der von sich selbst sagt, daß er einer der wenigen Wirtschaftswissenschaftler sei, die sich in Forschung und Lehre mit dem Marxismus kritisch auseinandersetzen. An seinem Buch „Politische Ökonomie des Marxismus. Anspruch und Wirklichkeit"[5] ist recht gut zu erkennen, nach welchen Modellen der Marxismus kritisch betrachtet wird. Die Hauptthesen hat Peters schon 1979 in der „Frankfurter Allgemeinen Zeitung" propagiert. Sie lassen die „Denkgesetze" eines Profis der Marxkritik sichtbar werden.

Als *erstes* zeigt sich, daß Peters nicht mit Kleinigkeiten beginnt — es geht um den ganzen Marx! Was vorgetragen wird, soll eine „Bilanz der Marxschen Theorien und Prophezeiungen" sein. Würde man sich auf eine Frage beschränken, so müßte man sich ja genauer dazu äußern und der Leser könnte sich vielleicht bemühen, ein eigenes Urteil zu fällen; nimmt man das ganze Werk, dann sind knappe Thesen legitim, also muß sich der Leser auf den „Fachmann" Peters verlassen. Schon die Wortwahl weist darauf hin, daß die Bilanz nicht allzu positiv ausfallen wird, handelt es sich doch um „Prophezeiungen". Und damit das auch jeder mitbekommt, enthält der Haupttitel des Artikels bereits die wichtigste Wertung: „Der entzauberte Prophet". Demnach wird hier davon ausgegangen, daß Marx eben kein Wissenschaftler, sondern ein „Prophet" gewesen sei, an den man glauben kann oder nicht. Und seine „Prophezeiungen" werden durch Peters „entzaubert", also widerlegt. Das ist das klassische Denkmodell eines jeden professionellen Marxkritikers, der Marx „von rechts" liest: Der ganze Marx ist falsch, was man sogar beweisen kann — dazu reicht hier schon ein Zeitungsartikel!

Aus diesem Vorgehen folgt *zweitens* die Aufgabe, so zu tun, als könne man beweisen, daß der Marxismus als Ganzes untauglich sei. Die beliebtesten Argumente, die erprobt wurden und die beste Wirkung zeigen, sind die Berufung auf die Wirklichkeit — die ganz anders sei, als Marx es gesehen habe – und auf die Wissenschaft – die zu ganz anderen Ergebnissen gekommen sei, als Marx es angenommen habe. Wirklichkeit und Wissenschaft benutzen die professionellen Marxkritiker aber wie Beschwörungsformeln; selten führen sie Fakten aus der Realität und prüfbare wissenschaftliche Forschungsergebnisse vor. Ungeachtet dessen, daß die Beweise fehlen, zählen sie ungeniert auf, was an der Theorie von Marx „nicht bestätigt", „wertlos", „unhaltbar", „falsche Prophezeiung" oder „völlig falsch" sei.

Drittens wird mit den Marxschen Ideen oberflächlich, ungenau und sogar falsch umgegangen, um sie schneller und leichter widerlegen zu können. Man macht sich nicht die Mühe, in die Tiefe der Marxschen Gedanken einzudringen. Statt dessen werden von der Oberfläche her Behauptungen aufgestellt, die am Wesen der Marxschen Positionen meist sehr weit vorbeigehen. Man schafft sich so seinen eigenen Marx, und den widerlegt man dann erfolgreich. Nehmen wir als Beispiel den ersten Satz der ersten These von Peters: „Das von Karl Marx angeblich entdeckte Bewegungsgesetz des Kapitalismus hat sich im sozialwissenschaftlichen Sinne bisher nicht als Trend des Selbstverfalls marktwirtschaftlicher Systeme bestätigt."[6]

Wir wollen einmal darüber hinwegsehen, daß Peters für gesellschaftliche Gesetzmäßigkeiten kein Verständnis hat und das schamhaft mit „im sozialwissenschaftlichen Sinne – Trend" umschreibt und daß er lieber „marktwissenschaftliches System" als klar und deutlich Kapitalismus sagt. Das ergibt sich eben daraus, daß wir es hier mit einem bürgerlichen Ökonomen zu tun haben. Daß er da nicht über seinen Schatten springen kann, sollte man ihm nicht so übelnehmen.

Anders verhält es sich mit der Behauptung, Marx habe „angeblich" – das heißt in Wirklichkeit nicht – das Bewegungsgesetz des Kapitalismus entdeckt und das habe sich nicht bestätigt, weil kein Selbstverfall des Kapitalismus erkennbar sei. Marx hat sich in seinem Werk „Das Kapital" die Aufgabe gestellt, „das ökonomische Bewegungsgesetz der modernen Gesellschaft zu enthüllen"[7], also aufzudecken, wie sich der Kapitalismus organisiert, entwickelt und schließlich über sich selbst hinauswächst und untergehen muß wie alle anderen vorherigen historischen Phasen der menschlichen Gesellschaft. Am Grab des Freundes wies Friedrich Engels auf diese große Entdeckung von Marx mit Nachdruck hin: „Marx entdeckte auch das spezielle Bewegungsgesetz der heutigen kapitalistischen Produktionsweise und der von ihr erzeugten bürgerlichen Gesellschaft. Mit der Entdeckung des Mehrwerts war hier plötzlich Licht geschaffen, während alle früheren Untersuchungen, sowohl der bürgerlichen Ökonomen wie der sozialistischen Kritiker, im Dunkel sich verirrt hatten."[8]

Hier ist nichts von einem „Selbstverfall des Kapitalismus" zu lesen. Marx faßt die Entwicklung der ökonomischen Gesellschaftsformation, also des Feudalismus oder des Kapitalismus, als einen naturgeschichtlichen Prozeß auf, der sich nach objektiv wirkenden Gesetzen vollzieht und nicht nach den Wünschen, Vorstellungen und Ideen der einzelnen Menschen. Das bedeutet aber keineswegs, daß sich die Gesellschaft entwickelt oder verfällt ohne das Handeln von Menschen. Wenn Karl Marx von naturgeschichtlichem Prozeß spricht, meint er niemals Fatalismus, das heißt den Glauben an ein unabwendbares Schicksal. In der Folgezeit gab es sogar Kritiker, die fragten, warum man denn eine Partei benötige, die für den Sozialismus kämpfen müsse, wenn der Sozialismus ohnehin komme. Man gründe doch auch keine Partei, so hieß es spitzfindig, die für das Kommen des Frühlings kämpfe.

Hier liegt eben der Denkfehler oder gar die Unterstellung, die sich bei Peters wiederum zeigt. Die Anerkennung objektiver Gesetzmäßigkeiten im Geschichtsprozeß schließt das aktive menschliche Handeln nicht aus, sondern geht letztlich davon aus, daß es die Menschen sind, die durch ihr Handeln Geschichte machen. „Die Geschichte tut nichts", sagen Marx und Engels ausdrücklich. „Es ist vielmehr der Mensch, der wirkliche, lebendige Mensch, der das alles tut, besitzt und kämpft; es ist nicht etwa die ‚Geschichte', die den Menschen zum Mittel braucht, um ihre – als ob sie eine aparte Person wäre – Zwecke durchzuarbeiten, sondern sie ist nichts als die Tätigkeit des seine Zwecke verfolgenden Menschen."[9]

Kann man eigentlich noch deutlicher gegen Fatalismus und „Selbstverfall" argumentieren? Offensichtlich stammt die Behauptung von Peters – wie die meisten seiner Thesen – nicht aus der gründlichen theoretischen Analyse des

Marxschen Werkes, sondern aus einer äußerst oberflächlichen Betrachtung von einigen zum Schlagwort erhobenen Kategorien; und die sind gewöhnlich einfach bei anderen, bei Vorgängern in der Marxkritik abgeschrieben. Anders ist es zum Beispiel nicht zu erklären, daß der Ökonom Peters „Ausbeutung als mißbräuchliche Ausnutzung" interpretiert und noch behauptet, eine solche Ansicht bei Marx zu finden. Das kann nur jemand sagen, der das „Kapital" nicht gelesen hat.

Darüber hinaus gibt es noch einen anderen Fakt, der in Erstaunen versetzen muß, wenn man weiß, daß man es hier mit einem Ökonomen zu tun hat, der über — oder besser: gegen — das ökonomische Bewegungsgesetz des Kapitalismus schreibt. Sieht man einmal von der fehlerhaften Polemik gegen den „Selbstverfall" ab, der auf einer Unterstellung beruht und nicht dem Marxschen Gedanken entspricht, so bleibt es doch verwunderlich, daß nicht ein Wort zu den tatsächlichen Krisenerscheinungen des heutigen Kapitalismus gesagt wird. Selbst wenn wir davon ausgehen, daß dem bürgerlichen Ökonomen Peters die Einsicht in die allgemeine Krise des Kapitalismus verschlossen bleibt, jene historisch umfassende Krise, die die kapitalistische Entwicklung seit dem ersten Weltkrieg und der siegreichen Oktoberrevolution von 1917 begleitet und die durch solche gewaltigen Veränderungen charakterisiert wird wie die Entstehung und Entwicklung des sozialistischen Weltsystems und den Zerfall des imperialistischen Kolonialsystems, müßte er dennoch einen Blick für die tiefen Widersprüche haben, die gerade in den letzten zwanzig Jahren die imperialistische Welt kennzeichnen. Die viele Bereiche umfassenden Strukturkrisen, die galoppierende Inflation, die Stagnation ganzer Wirtschaftszweige, die Auswirkungen der Militarisierung, die beständige Massenarbeitslosigkeit — das alles sind doch erkennbare Prozesse in sämtlichen entwickelten kapitalistischen Ländern, die sehr wohl das Bild vom heilen und stabilen Kapitalismus in Frage stellen. Selbst in der Presse der BRD kann man, bezogen auf den Konzentrationsprozeß des Kapitalismus und dessen Folgen für die Gesellschaft, die sarkastische Überschrift lesen: „Karl Marx läßt wieder grüßen!" Und davon soll der Professor für Volkswirtschaftslehre nichts gehört und gesehen haben? Hier offenbart sich ein typisches Verhalten der meisten Profis der Marxkritik: Sie haben ein völlig unkritisches Verhältnis zu ihrer kapitalistischen Ordnung, ja, sie verherrlichen sie sogar.

Wie all das zeigt, ist es für das Denkmodell eines Marxkritikers symptomatisch, daß er erstens den ganzen Marx widerlegt, zweitens den Beweis dafür in der Realität und in der Wissenschaft gefunden haben will und drittens dieses Kunststück dadurch fertigbekommt, daß er sich seinen eigenen Marx und Marxismus zurechtzimmert, mit dem er dann nach Belieben umgeht. Wissenschaftlich solide ist eine solche Methode natürlich nicht, aber offensichtlich meint man, mit Marx so verfahren zu können. Denn bei dem hier als Beispiel stehenden Hans-Rudolf Peters handelt es sich keineswegs um eine Einzelerscheinung und auch nicht um einen Außenseiter. Immerhin arbeitete er viele Jahre als Regierungsdirektor im Bonner Bundesministerium für Wirtschaft und lehrt heute als ordentlicher Professor für Volkswirtschaftslehre an der Universität in Oldenburg. Seine Studenten werden also von ihm als Ergebnis seiner „marxologischen" Forschungen solche Kernsätze zu hören bekommen wie den folgenden: „Die wissenschaftliche Leistung von Karl Marx auf dem Gebiet der Ökonomie, die oft als seine Bestleistung ... angesehen wird, war von Anfang an nicht überragend und ist heute nahezu bedeutungslos."[10]

Nun kann man von einem Lernenden kaum Interesse für einen Theoretiker und dessen Werk erwarten, wenn er darüber derartige Ansichten vernimmt.

Damit wird schon eine Funktion der heutigen Marxkritiker sichtbar: den Zugang zum Marxismus zu erschweren oder zu verbauen, damit gar nicht erst der Wunsch nach einer Bekanntschaft mit Marxschen Theorien aufkommt.

Wer sich mit dem „Niveau" der bürgerlichen Marxkritiker in seinem Wissen über Marx zufriedengibt, der besitzt dann eben ein Marxismusbild, das mit dem Original nicht viel mehr als den Namen sowie einzelne Losungen und Kategorien gemeinsam hat. Und genau das soll erreicht werden.

Allerdings geraten die Marxkritiker bei diesem ihrem Geschäft immer wieder in ein unauflösbares Dilemma. Wenn sie gerade mit viel Aufwand erklärt haben, warum der Marxismus nichts tauge und überholt sei, warum es sich nicht lohne, sich mit ihm ernsthaft zu beschäftigen — gerade dann bestätigt die Wirklichkeit die Richtigkeit der Marxschen Ideen und Einschätzungen, gerade dann zeigt sich die Lebenskraft des Marxismus-Leninismus. Um diesen Widerspruch, der so alt wie die Marxkritik ist, zu bewältigen, suchen die Marxkritiker aller Zeiten nach den für sie unbegreiflichen Ursachen für die — wie sie es nennen — „Faszination" des Marxismus. Die einen erklären das mit dem moralischen Appell für die Unterdrückten, der im Marxismus stecke; andere meinen, das liege an der humanistischen Grundidee des Marxismus. Für jene Marxkritiker, welche wir hier im Visier haben, sind solche Deutungen nicht annehmbar, weil sie ja die Möglichkeit einer Nutzung der Marxschen Ideen zulassen. Sie erklären die Faszination des Marxismus vielmehr daraus, daß er „Opium für Intellektuelle" darstelle, daß er eine „Heilslehre" sei, der man gläubig anhängen müsse. Marx wird dann zum „Propheten", zum „Messias", der immer ein wenig vom Scharlatan an sich hat, ganz ähnlich den Sektenstiftern der Gegenwart. Auch hier macht Peters keine Ausnahme, wenn er die Faszination von Marx folgendermaßen erklärt: „Marx' Originalität und Sprengkraft besteht darin, daß er es verstand, eine Glaubens- und Erlösungslehre zu stiften und mit dem (Heiligen-) Schein der Wissenschaftlichkeit zu umgeben."[11]

Damit hoffen die Profis unter den Marxkritikern, ihr Dilemma beseitigt zu haben: Auch eine „widerlegte" Lehre bleibt wirksam, wenn sie so etwas wie religiöse Inhalte besitzt, die der rationalen Einsicht nicht zugänglich sind. Also: Der Marxismus ist falsch und widerlegt, aber er strahlt Faszination aus, weil er als Heilslehre und nicht als wissenschaftliche Theorie wirkt. Diese Argumentation zielt auf die entscheidende Aufgabe des Marxismus-Leninismus, als Weltanschauung der Arbeiterklasse den Weg zum Kampf zu weisen und dabei von den objektiven Gesetzmäßigkeiten des Geschichtsprozesses auszugehen. Das soll bestritten und ins Reich des Glaubens verwiesen werden.

An solcher Art des Umgangs mit dem Marxismus zeigt sich jedoch nur, daß selbst die aktivsten professionellen Marxkritiker nicht begriffen haben und auch nicht begreifen können, „daß unsere wissenschaftliche Weltanschauung nicht zerstört werden kann. Denn sie hat ihre Wurzeln in den objektiven gesellschaftlichen Prozessen der Gegenwart. Sie bringt die Bestrebungen und Interessen der durch das Kapital Ausgebeuteten und Unterdrückten ebenso zum Ausdruck wie die der Erbauer der neuen, sozialistischen Gesellschaft."[12]

Wie Marx wirklich **nicht** war

Eines der beliebtesten Angriffsziele aller professionellen Marxkritiker bildet seit je die Persönlichkeit von Karl Marx. Schon zu seinen Lebzeiten war Marx den übelsten Verleumdungen und Attacken ausgesetzt, die er mit erstaunlicher Langmut ertrug. Nur wenn es um die Sache ging, nicht um die Person, wehrte er sich. „ Ich habe *nie* das deutsche Publikum mit *einem* Wort, ungeachtet 10 Jahre fortgesetzter Angriffe, meiner Biographie belästigt"[13], schrieb er 1860 an seinen Rechtsvertreter. Und gegen Ende seines Lebens meinte er, daß er prinzipiell auf solche „Wanzenbisse" nicht geantwortet hätte, weil er sonst „den besten Teil meiner Zeit mit Berichtigungen von Kalifornien bis Moskau totzuschlagen"[14] gehabt hätte. Als Friedrich Engels 1892 für ein Wörterbuch eine kurze Biographie seines toten Freundes verfaßte, mußte er feststellen: „Die meisten im Druck erschienenen Biographien von Marx wimmeln von Irrtümern."[15]

Heute, da das Leben von Karl Marx bereits recht gründlich erforscht ist, sollte man annehmen, daß größere Irrtümer oder gar grobe Fehler in der Darstellung dieses Lebens nicht mehr möglich sind. Natürlich gibt es immer noch Details zu ermitteln, fehlen noch Belege und erheben sich auch neue Fragen zum gesamten Umfeld des Lebens und Wirkens von Karl Marx. Gerade die gegenwärtige Arbeit an der Marx-Engels-Gesamtausgabe (MEGA), die von prominenten Marxforschern in der ganzen Welt unterstützt wird, zeigt, daß trotz der angestrengten Forschungen immer wieder weiße Flecke zum Vorschein kommen. Aber et-

Karl Marx im Jahr 1861

was ganz anderes ist es, wenn wichtige Tatsachen aus dem Leben von Marx verdreht werden, wenn Behauptungen über ihn auftauchen, die durch das vorhandene Material nicht belegbar sind, Spekulationen, teilweise auf Verleumdungen gestützt, die schon zu seinen Lebzeiten im Schwange waren. Dann handelt es sich nicht um Forschungsrückstände, sondern um gewollte Unterstellungen, um eine Diffamierung der Person von Karl Marx.

Zum Leben von Marx existieren viele wissenschaftlich exakte, gründliche Untersuchungen, man kann zu hochgelehrten Abhandlungen und zu populären Beiträgen greifen, in der schöngeistigen Literatur findet man kleine Erzählungen und mehrbändige Romane, und nicht zuletzt haben sich Film und Fernsehen wiederholt damit beschäftigt. Wer in der DDR etwas über Marx erfahren möchte und die Fernsehserie über sein Leben nicht gesehen hat, der kann Franz Mehrings (1846–1919) Werk „Karl Marx – Geschichte seines Lebens" oder die Biographie „Karl Marx" von Heinrich Gemkow lesen, er kann sich in Geschichts- und Staatsbürgerkundelehrbüchern über die wichtigsten Fakten informieren oder sich in Romane wie die Trilogie „Sturm der Gedanken", „Raub des Feuers" und „Gipfel des Lebens" von Galina Serebrjakowa vertiefen. Überall wird er richtige Auskünfte erhalten über das Leben und Wirken von Karl Marx, über seine Lebensstationen von der Geburtsstadt Trier über Berlin und Köln nach Brüssel, Paris und London, über seine Familie und über seine Lebensweise, über seine Freunde – natürlich vor allem über Friedrich Engels – und über seine Feinde, über das Werden seiner Ideen und das Entstehen seiner vielen Werke. Vor ihm wird das Bild eines sehr lebendigen Menschen entstehen, der Freude empfand und der wütend wurde, der humorvoll und bissig sein konnte, der ständig in Geldsorgen leben mußte und doch optimistisch blieb, der rastlos arbeitete, der sich mit seiner ganzen Person für die junge Arbeiterbewegung einsetzte, der stetig an der Ausformung des wissenschaftlichen Kommunismus arbeitete – also ein Großer unter den Menschen und eben doch kein Heiliger. „Wäre Marx in der Tat der langweilige Musterknabe gewesen, den die Marxpfaffen in ihm bewundern, so hätte es mich nie gereizt, seine Biographie zu schreiben. Meine Bewunderung wie meine Kritik – und zu einer guten Biographie gehört die eine wie die andere in gleichem Maße — gilt dem großen Menschen, der nichts häufiger und nichts lieber von sich bekannte, als daß ihm nichts Menschliches fremd sei."[16] So schreibt Mehring im Vorwort zu seinem Buch über Marx. Und von diesem Geist wird unser Verhältnis zur Person von Karl Marx bis heute bestimmt.

Aber es gibt eben auch ein ganz anderes Bild von Marx. Alle paar Jahre erscheinen in den kapitalistischen Ländern Biographien, die weniger darüber informieren, wie er wirklich als Mensch war, sondern die es darauf angelegt haben, ein durch und durch verzerrtes Bild von ihm zu zeichnen. Wir könnten es natürlich wie Marx halten und solche Angriffe einfach nicht zur Kenntnis nehmen. Doch die massenhaften Entstellungen verfolgen ein bestimmtes Ziel: Indem man Marx als Persönlichkeit abwertet, indem man möglichst viele „dunkle Flecke" in seinem Leben erfindet, wird die von ihm begründete theoretische Position, der Marxismus, angegriffen. Bei allen Attacken auf die Person von Marx, denen wir begegnen, sollten wir uns dieser Absicht bewußt sein.

Wenn wir die Verfälschungen, die es zu Marx und seinem Leben gibt, einmal chronologisch durchgehen, dann steht am Beginn in der Regel seine Herkunft. Karl Marx, am 5. Mai 1818 in Trier geboren, stammte aus einer angesehenen Familie; denn sein Vater, Heinrich Marx (1782—1838), von Beruf Rechtsanwalt, wirkte als Justizrat und Vorsteher der Advokatenschaft von Trier. Aber — er war jüdischer Herkunft. Zwar war er zum Protestantismus übergetreten, doch die späteren Marxbiographen fanden hier die erste Möglichkeit zu wildesten Spekulationen und Unterstellungen. Die jüdische Herkunft wird zu einem „Erbkomplex" erklärt, den Marx zeit seines Lebens nicht bewältigt habe. In einem in der BRD vertriebenen Taschenbuch „Karl Marx in Selbstzeugnissen und Bilddokumenten", das seit Anfang der sechziger Jahre immer wieder neu erscheint und in mehr als 150 000 Exemplaren verbreitet worden ist, geht der Autor nachdrücklich von dem starken Einfluß der Rabbis, der Geistlichen jüdischen Glaubens, in Marx' Familie aus, weil er durch dieses Erbe in jene Tiefen bei Marx vorzudringen meint, wo sich die „Kräfte der Persönlichkeit unsichtbar und geheimnisvoll bilden"[17]. „Unsichtbar" und „geheimnisvoll" ist immer gut für Ungenauigkeit, für Entstellung oder Fälschung; denn da kann man sich jeder exakten Überprüfung leicht entziehen, indem man in die „unsichtbaren" Tiefen absteigt, aus denen man seine „Erkenntnisse" schöpft.

Die wichtigste Entstellung, die hier ihre Wurzel hat, ist der Vorwurf oder die Behauptung vom Messianismus bei Marx. Da in der jüdischen Mythologie und Religion die Hoffnung auf einen Messias, der das Volk aus der Knechtschaft befreien wird, eine große Rolle spielt, überträgt man diese Tradition auf das Denken von Marx. Statt der Juden habe Marx nur das Proletariat zum „auserwählten" Volk erklärt, und die Konzeption von der historischen Mission der Arbeiterklasse sei eine bloße Hoffnungslehre. „Die wirklich treibende Kraft hinter dieser Konzeption ist ein offenkundiger Messianismus, der unbewußt in Marx' eigenem Sein, in seiner Rasse wurzelt"[18], sagte bereits vor mehr als vierzig Jahren der bürgerliche Geschichtsphilosoph Karl Löwith (1897—1973). Und prompt wird daraus in einer der letzten großangelegten Marxbiographien, die in diesem Sinn geschrieben sind, die Behauptung, Marx sei von sich überzeugt gewesen „bis zur Selbstvergottung und zum Messianismus"[19].

Gewiß hat es in der Familie Marx Rabbis gegeben. Und sicher wirken solche Traditionen auf die nachfolgenden Generationen ein. Aber sie in den Rang von „Kräften" zu erheben, die einen Menschen entscheidend prägen, widerspricht allen Erfahrungen und Einsichten zur Entwicklung der menschlichen Persönlichkeit. Daß Karl Marx zum Begründer der wissenschaftlichen Weltanschauung der Arbeiterklasse wurde, ist ebensowenig aus seiner Herkunft zu erklären wie die Tatsache, daß sein Onkel Lion Philips (gest. 1866) zum Begründer jenes riesigen Unternehmens wurde, welches heute in der Elektronik eine bedeutsame Rolle spielt. Da haben ganz andere Ursachen, Bedingungen und Motive gewirkt als „geheimnisvolle" Erblasten. Aber die Ableitung eines religiösen Sendungsbewußtseins aus der jüdischen Herkunft von Marx verfolgt natürlich das Ziel, die wissenschaftlich-nüchterne Analyse zu leugnen, die den Einsichten über die historische Aufgabe des Proletariats zugrunde liegt. Marx habe danach nur die Mythen gewechselt, ein neues „auserwähltes" Volk gefunden, dem er sich als eine Art „Messias" voranstellte. So ist denn mit solchen Interpretationen nicht die Persönlichkeit von Marx „tiefer" ergründet, sondern seine wissenschaftliche Leistung prinzipiell bestritten worden. Und eben darauf kam es an.

Ein breites Feld für kleine Entstellungen und grobe Verleumdungen bietet von jeher das Thema Marx und Familie. Das betrifft sowohl die Beziehungen zu seinen Eltern als auch, ja vor allem das Verhältnis zu seiner Frau und seinen Kindern.

So wird aus einer sehr einseitigen Lesart der Briefe von Marx an seinen Vater oder an seine Mutter der Verdacht genährt, Marx habe sich mit seinen Eltern nicht verstanden, habe sie bevormundet und eigentlich nur wegen Geldangelegenheiten geschrieben. Da die meisten Briefe von Marx an seinen Vater und an seine Mutter nicht überliefert sind, viele Äußerungen sich aus Mitteilungen an andere ergeben — zum Beispiel im Briefwechsel zwischen Marx und Engels — und es tatsächlich zu erheblichen Spannungen zwischen Marx und seiner Mutter um sein Erbteil gekommen war, lassen sich solche Verdächtigungen leicht aufrechterhalten und immer wieder neu verbreiten. Wer sich aber einmal die Mühe macht, die Briefe von Heinrich Marx an seinen Sohn aus den Jahren 1835 bis 1838[20] und dazu den leider einzigen erhaltenen Antwortbrief von Karl Marx vom 10./11. November 1837 zu lesen, der kann sich von dem engen, vertrauensvollen Verhältnis zwischen beiden überzeugen. Daß Vater Marx mit vielen Ansichten und auch Lebenshaltungen seines Sohnes nicht einverstanden war, ist kaum verwunderlich. Aber wie er darüber schrieb, wie er mit seinem Sohn diskutierte, wie er ihn kritisierte und mahnte — darin offenbart sich von beiden Seiten eine liebevolle und achtungsvolle Beziehung. Sicher entwickelte sich das Verhältnis zu seiner Mutter — vor allem nach dem frühen Tod des Vaters — nicht so günstig. Von ständigen materiellen Sorgen bedrückt, mußte sich Marx mehr als einmal um Hilfe an Mutter Henriette (1787—1863) wenden — und wurde oft enttäuscht. Davon zeugt manche Bemerkung in Briefen an seinen Freund Friedrich Engels. Und bürgerliche Marxkritiker zitieren nur zu gern solche Stel-

Karl Marx mit Friedrich Engels und mit seinen Töchtern Laura, Eleanor und Jenny (von links)

len, wo sich Marx recht böse über seine „Alte" äußert, die ihm kein Geld zukommen ließ. Aber darauf kann man die Beziehung zu seiner Mutter keineswegs reduzieren. Es lohnt schon, darüber nachzudenken, daß Marx anläßlich eines Besuchs bei seiner Mutter in Trier an Ferdinand Lassalle (1825—1864) schreibt: „Übrigens interessiert mich auch die alte Frau wegen ihres sehr feinen esprit und der unerschütterlichen Charaktergleichheit."[21] Marx war damals, 1861, 43 Jahre alt, seine Mutter 74. Das klingt wohl doch etwas anders als die „Alte".

Nimmt in der bürgerlichen Marxdarstellung schon die verzerrte Charakterisierung seines Verhältnisses zu Vater und Mutter recht viel Platz ein, so steigert sich das noch bei der Beschreibung der Beziehung zu seiner Frau Jenny (1814–1881) und zu seinen Kindern. Vieles gehört hier in das Reich wildester Spekulationen und nimmt den Charakter von Skandalgeschichten an. In zahlreichen Darstellungen erscheint Karl Marx als ein tyrannischer Hausherr, dem sich alle zu unterwerfen hatten. In geradezu penetranter Weise gibt man ihm die Schuld an sozialen Notständen in der Familie, indem man ihm einerseits unterstellt, daß er nicht mit Geld umgehen konnte, andererseits einen Vorwurf daraus macht, daß er nicht regelmäßig Geld verdiente.

Tatsächlich litt die Familie Marx oft bittere Not. Die sarkastische Bemerkung von Marx, daß er nicht ausgehen könne, da sein Anzug im Pfandleihhaus sei, ist bekannt. In vielen Briefen von Jenny Marx an Freunde wird sichtbar, wie die Familie um ihre nackte Existenz kämpfen mußte. Als sie am 20. Mai 1850 Joseph Weydemeyer (1818–1866), den Freund und Kampfgefährten, der bis 1850 die „Neue Deutsche Zeitung" herausgab, bevor er 1851 in die USA emigrierte, um ausstehende Honorare für Marx bittet, schreibt sie: „Es kann uns sicher niemand nachsagen, daß wir je viel Wesens von dem gemacht haben, was wir seit Jahren geopfert und ertragen haben; das Publikum ist wenig oder fast nie mit unsern persönlichen Angelegenheiten behelligt worden. Mein Mann ist in diesen Dingen sehr empfindlich, und er opfert lieber das Letzte auf, ehe er sich zu demokratischen Betteleien ... hergeben sollte." Dann schildert sie in drastischen Bildern ihre Probleme: wie sie in England ohne Geld und Habe ankamen, wie sie gepfändet wurden und ohne Wohnung waren — und das alles mit vier Kindern, darunter ein gerade erst geborenes. Und doch findet Jenny die Stärke, diesen Brief über ihre Leidensgeschichte optimistisch zu beenden: „Glauben Sie nicht, daß mich diese kleinlichen Leiden gebeugt haben, ich weiß nur zu gut, wie unser Kämpfen kein isoliertes ist ..." Auch hier weist sie auf die Haltung ihres Mannes hin: „Er hat noch nie, selbst in den schrecklichsten Momenten, die Sicherheit der Zukunft, selbst nicht den heitersten Humor verloren und war ganz zufrieden, wenn er mich heiter sah und unsere lieblichen Kinder um ihr liebes Mütterchen herumschmeichelten."[22]

Jenny Marx

Trotz aller Not spricht aus diesen Worten Stolz auf ihren Mann. Und ungeachtet der schweren Stunden, die die Familie Marx durchleben mußte — der frühe Tod von Kindern, besonders des Sohnes Edgar, die Krankheiten von Jenny und Karl, die Geldnöte, die politischen Anfeindungen —, berichten alle Augenzeugen von einem harmonischen Miteinander, von einer ungewöhnlichen Herzlichkeit der Eltern zu ihren Kindern und von einer offenen Atmosphäre im Hause Marx. „Man muß Marx mit seinen Kindern gesehen haben", schreibt Wilhelm Liebknecht (1826—1900) in seinen Erinnerungen an Marx, „um von der Gemütstiefe und Kindlichkeit dieses Helden der Wissenschaft eine volle Vorstellung zu bekommen."[23]

Ganz sicher hat es in der Familie Marx auch Unstimmigkeiten und Krisen gegeben. Aber sie prägten nicht das Klima, zählten nicht zum Wesentlichen. Wie diese Familie unter den widrigen Bedingungen des Emigrantenlebens ohne finanzielle Sicherstellung Bestand hatte und welche Ausstrahlung von ihr auf alle ausging, die sie kennenlernten — das charakterisiert die Marxschen Familienbeziehungen. Sucht man dagegen den einen oder anderen Streitfall heraus und erhebt ihn zum Typischen, dann entstellt man die Wirklichkeit, wie sie von den Zeitgenossen tatsächlich erlebt wurde. Das ist dann bereits eine Form der Fälschung, selbst wenn der einzelne Fakt durchaus zutreffend sein mag.

Dieses Vorgehen praktizieren Marxfälscher vor allem auch beim Urteil über die Beziehung von Marx und Engels. Zwischen beiden entwickelte sich nach ihren ersten Begegnungen bekanntlich eine lebenslange feste Freundschaft, die ihresgleichen in der Geschichte sucht. „Antike Sagen berichten von manchen rührenden Beispielen der Freundschaft", schreibt Lenin. „Das europäische Proletariat kann sagen, daß seine Wissenschaft von zwei Gelehrten und Kämpfern geschaffen worden ist, deren Verhältnis die rührendsten Sagen der Alten über menschliche Freundschaft in den Schatten stellt."[24] Gemeinsam entwickelten Marx und Engels ihre wichtigsten theoretischen Auffassungen; gemeinsam wirkten sie in der jungen Arbeiterbewegung; gemeinsam propagierten sie ihre Ansichten und verteidigten sie gegen Angriffe. Über alle wichtigen Probleme in Politik und Wirtschaft, Militärwesen und Kultur, Geschichte und Naturwissenschaften tauschten sie sich aus, berieten sie sich. In den vielen Jahren der räumlichen Trennung — besonders in England, wo Engels in Manchester wohnen mußte, um im väterlichen Betrieb Geld zu verdienen, während Marx in London lebte — entstand ein gewaltiger Briefwechsel, in dem man alle diese Gemeinsamkeiten und alle Formen der Freundschaft zwischen den beiden verfolgen kann.

Und doch unternehmen professionelle Marxtöter auch hier den Versuch der Verdächtigung und Unterstellung: Die Freundschaft sei gar nicht so fest gewesen, Engels habe unter dem Charakter von Marx gelitten und auch darunter, daß er oft verzichten mußte. Nun hat sich Friedrich Engels zu dieser Frage selbst unmißverständlich geäußert: „Ich habe mein Leben lang das getan, wozu ich gemacht war, nämlich zweite Violine spielen, und glaube auch, meine Sache ganz passabel gemacht zu haben", schreibt er an Johann Philipp Becker (1809—1886), den Kampfgefährten aus den Revolutionsjahren 1848/49. „Und ich war froh, so eine famose erste Violine zu haben wie Marx."[25] Völlig zu

Recht, so betonte er immer wieder, trage die gemeinsame theoretische Lehre den Namen von Marx.

Die Verdächtigungen gegen die Freundschaft von Marx und Engels stützen sich zumeist auf eine Auseinandersetzung zwischen beiden, die es im Zusammenhang mit dem Tod von Mary Burns gab und die sich auch im Briefwechsel niedergeschlagen hat. Engels teilte Marx am 7. Januar 1863 mit, daß seine Lebensgefährtin Mary ganz plötzlich verstorben sei. In seiner Antwort vom nächsten Tag äußert Marx seine Bestürzung über diesen Tod, kommt dann aber recht schnell zu seinen eigenen mißlichen Angelegenheiten und begründet das mit dem Ausruf: „Ein Unheil zerstreut über das andre." Daraufhin läßt Engels einige Tage verstreichen, bevor er Marx antwortet, getroffen durch die „frostige Auffassung" des Freundes und den unpassenden Moment, seine „kühle Denkungsart" geltend zu machen. Marx seinerseits wartet nunmehr längere Zeit, um sich dann für seinen Brief zu entschuldigen und ihn zu erklären: „Es war von mir sehr unrecht, daß ich Dir den Brief schrieb, und ich bereute ihn, sobald er abgeschickt worden war. Es geschah dies jedoch keineswegs aus Herzlosigkeit. Meine Frau und Kinder werden mir bezeugen, daß ich beim Eintreffen Deines Briefes ... so sehr erschüttert war als bei dem Todesfall der mir Nächsten. Als ich Dir aber abends schrieb, geschah es unter dem Eindruck sehr desperater Umstände." Diesen Brief beantwortet Friedrich Engels postwendend. Klar und offen heißt es: „Als ich Deinen Brief erhielt, war sie noch nicht begraben. Ich sage Dir, der Brief lag mir eine Woche lang im Kopf, ich konnte ihn nicht vergessen. Never mind [Tut nichts], Dein letzter Brief macht ihn wett, und ich bin froh, daß ich nicht auch mit der Mary gleichzeitig meinen ältesten und besten Freund verloren habe."[26]

Nur wer absichtlich die Freundschaft von Marx und Engels in Frage stellen will und dabei die Persönlichkeit von Marx zu diffamieren bemüht ist, kann solche eindeutigen Zeugnisse nicht in ihrem ganzen Gewicht zur Kenntnis nehmen und vor allem — zur Kenntnis bringen. Wenn allein die tiefe Verstimmung zwischen beiden belegt wird — ohne deren Überwindung gerade kraft der bestehenden freundschaftlichen Bindungen —, handelt es sich um eine verzerrte Darstellung und um eine falsche Wer-

Karl Marx und Friedrich Engels – nach einer Zeichnung von Nikolai Shukow (1908–1973)

tung dieses Faktes. Eben mit solchen Mitteln wird oft gearbeitet.

Werden bereits die privaten Beziehungen von Marx sowie sein Verhältnis zum besten Freund derart verfälscht, so erst recht die Beziehungen zu seinen politischen und ideologischen Gegnern. Die scharfe Klinge, die Marx in der Polemik führte, entsprach dem Ziel der Auseinandersetzung: Die eigenen angegriffenen Ansichten mußten wirksam verteidigt und falsche Positionen zurückgedrängt werden. Allerdings findet man nicht nur bei Marx Spott und Ironie, scharfe Zurückweisung oder auch einmal ein grobes Wort. Diese Formen der Polemik gehörten in der damaligen Zeit beinah zum „guten Ton" — man denke nur an die spitze Feder eines Heinrich Heine (1797—1856).

Für die bürgerlichen Marxkritiker gelten dagegen der polemische Geist der Marxschen Arbeiten, seine Auseinandersetzungen mit Gegnern als Ausdruck von Intoleranz, von Machtansprüchen, von Überheblichkeit. „Begründet" werden solche Deutungen mit Aussagen von Zeitgenossen über Marx, die dessen angeblich „tyrannische" und „selbstherrliche" Natur belegen sollen. Dabei ist aber von Interesse, daß solche Zeugnisse stets von seinen Gegnern stammen. So wird häufig eine Äußerung von Gustav Adolf Techow (1813—1893) zitiert, einem ehemaligen preußischen Offizier, der von kleinbürgerlich-demokratischen Positionen aus aktiv an den Revolutionskämpfen 1848/49 beteiligt war und danach in der Schweiz und in Australien lebte. Anfang der fünfziger Jahre schrieb er über Marx, er sei überzeugt, „daß der gefährlichste persönliche Ehrgeiz in ihm alles Gute zerfressen hat ... Trotz all seinen Versicherungen vom Gegenteil, vielleicht gerade durch sie, hab' ich den Eindruck mitgenommen, daß *seine* persönliche Herrschaft der Zweck all seines Treibens ist."[27] Marx teilt dazu Engels kurz und bündig mit, er habe erfahren, ...„daß der ‚brave' Techow eine Charakteristik über uns in die Schweiz geschickt, worin er weidlich schimpfte, speziell über Dich"[28]. Die Angriffe auf seine Person übergeht er ganz einfach. Erst als später der Brief von Techow als wichtiges Zeugnis gegen ihn mißbraucht wurde — in den Angriffen von Karl Vogt (1817—1895), einem kleinbürgerlichen Demokraten, der der jungen Arbeiterbewegung feindlich gegenüberstand und sogar Agententätigkeit für Napoleon III. (1808—1873) leistete —, mußte er sich in seiner Broschüre „Herr Vogt" aus dem Jahr 1860 ausführlicher damit befassen. Wenn in der Folgezeit und bis in die Gegenwart hinein bürgerliche Marxkritiker die Ansichten von Techow über Marx zitieren und dabei die Erläuterungen von Marx nicht zur Kenntnis nehmen, dann begnügen sie sich wiederum mit weniger als der halben Wahrheit ...

In verschiedenen tendenziös geschriebenen Marxbiographien taucht immer wieder die Behauptung auf, Marx habe die Einsamkeit geliebt und sei eigentlich ein richtiger Stubenhocker gewesen. So heißt es in einem 1981 erschienenen Buch: „Denn Marx ... war im Grunde von einem ganz fanatischen Einsamkeitsbedürfnis erfüllt." Warum man eine solche Seite bei Marx braucht, macht eine andere Bemerkung deutlich: „Die Realität aber war, daß er als einsamer Gelehrter und zugleich ungeschickter, erfolgloser Organisator für kleine Zeitungen und Parteigründungsversuche an seinem Londoner Schreibtisch saß."[29] Indem man das Bild eines in seiner Studierstube isolierten Denkers entwirft, der am liebsten allein im Lesesaal des Britischen Museums hockte, ganz gleich, was in der Welt passierte, wird natürlich ein gezielter Angriff auf die wirkliche Persönlichkeit von Marx unternommen. Er erscheint dann als ein mehr oder weniger erfolgreicher Theoretiker, der sich um die Praxis nicht kümmerte, der ihr sogar auswich — aus einem „fanatischen Einsamkeitsbedürfnis" heraus — und dessen theoretisches Werk demzufolge auch wenig mit der Praxis seiner Zeit zu tun hätte.

Genau das ist das Ziel solcher Darstellungen. Es handelt sich um einen Angriff auf Marx als Wissenschaftler *und* Revolutionär, um einen Angriff auf die enge Verbindung von Theorie und Praxis in seinem Leben, um einen Angriff auf das Entscheidende im Leben und Werk von Karl Marx. Und wenn man das geleistet hat, dann kann man getrost die Katze aus dem Sack lassen, dann kann man lauthals aussprechen, was man eigentlich mit derartigen kleinen und großen Entstellungen der Persönlichkeit von Marx beabsichtigt: „Der Einfluß von Marx und Engels auf die Arbeiterklasse wird gewaltig überschätzt. Arbeiterparteien und Gewerkschaften entstanden gänzlich unabhängig von ihrem Wirken."[30]

Man benötigt die Legende vom Stubenhocker und einsamen Gelehrten eben für diesen Hauptzweck: Marx und seine Theorie von der praktischen Arbeiterbewegung abzutrennen und so zu tun, als habe sich das eine gänzlich ohne das andere, ja oft gegen das andere entwickelt. Nun

60

Im Lesesaal des Britischen Museums von London betrieb Karl Marx seine jahrelangen Studien.

ist eine solche Behauptung durch das riesige Material zur Geschichte der Arbeiterbewegung, das die Forschung bisher angehäuft hat, eigentlich längst widerlegt. Die bürgerlichen Marxkritiker spekulieren aber offensichtlich darauf, daß zahlreiche Menschen gerade auf diesem Gebiet nicht viel wissen, daß man von heutigen Erscheinungen ausgeht, da in sozialdemokratischen Parteien und Gewerkschaften der Marxismus nicht den Ausschlag gibt, oft sogar kritisiert wird, daß man also den historischen Prozeß der Entwicklung und Vereinigung von revolutionärer Arbeiterbewegung und revolutionärer marxistischer Theorie — und auch die Widersprüche dieses Prozesses — weniger gut kennt. Tatsächlich spielte Marx in der entstehenden Arbeiterbewegung — im Bunde der Kommunisten, in der Internationale — eine sehr aktive Rolle, beriet er die sich entwickelnden Arbeiterparteien, griff er in entscheidende Diskussionen und Auseinandersetzungen um die Strategie und Taktik des Klassenkampfes direkt und erfolgreich ein. Sein theoretisches Wirken diente der Orientierung der Arbeiterbewegung in ihrem praktisch-politischen Kampf — denken wir nur an die exakten Analysen über den Deutsch-Französischen Krieg von 1870/71 und die Pariser Kommune. Seine praktische Tätigkeit in der Arbeiterbewegung, sein Kontakt mit führenden Repräsentanten aus vielen Ländern Europas und Amerikas beeinflußten umgekehrt Richtung und Inhalt seiner theoretischen Arbeiten. Wenn man diese Einheit auflöst, muß ein verzerrtes Bild von Marx und von seiner tatsächlichen Leistung entstehen.

Mit den hier genannten sind die Angriffe auf die Persönlichkeit von Marx längst nicht erschöpft. Aber wir wollen es genug sein lassen, weil bereits die angeführten Beispiele deutlich zeigen, worauf es der bürgerlichen Marxkritik ankommt, wenn sie sich der Person von Marx zuwendet. Unter Ausnutzung des vorhandenen — und noch anwachsenden — Interesses am Leben dieses großen Deutschen wird bei der Charakterisierung seines Lebens und Schaffens eine Vielzahl von kleineren und größeren Entstellungen, von Einseitigkeiten und ähnlichem eingebaut, werden Deutungen gegeben, die zumindest spekulative Züge tragen, werden tendenziös die Quellen ausgelegt — kurz, wird alles getan, um unter der Flagge einer Darstellung, wie Marx „wirklich war", ein Bild zu malen, wie Marx tatsächlich *nicht* war.

Sicher ist es notwendig, gegen Idealisierungen von Marx, gegen Versuche, ihn zu „schönen", manche Kanten seiner Persönlichkeit zu retuschieren, energisch Front zu machen. Aber darum geht es dieser bürgerlichen Marxkritik nicht. Natürlich gibt es auch aus der Sicht bürgerlicher Theoretiker Marxdarstellungen, die sich um Objektivität bemühen. Aber darum geht es hier ebenfalls nicht.

Wenn bürgerliche Marxkritiker, die Marx „von rechts" lesen und ihn demzufolge nicht einfach kritisch, sondern geradezu feindselig betrachten, sein Leben darstellen, seine Persönlichkeit charakterisieren, dann bezwecken sie damit letztlich immer, das Werk von Marx, seine Leistung, seine Wirkung zu treffen.

Bleibt nur ein wenig von den Behauptungen über den „Messias" und den „Religionsersatz", über den „Tyrannen" und „Machtbesessenen", über den „Stubenhocker" und „einsamen Gelehrten" beim Leser hängen, können nur einige Zweifel an der persönlichen, moralischen Integrität der Persönlichkeit von Karl Marx gesät werden, dann ist das Ziel erreicht — nämlich von solchen „Defekten" der Persönlichkeit auf „Defekte" der Theorie des Marxismus zu schließen.

Friedrich Engels hat einem der ersten biographischen Marxverfälscher unzweideutig erklärt: „Es steht Ihnen frei, seine Lehren Ihrer allerschärfsten Kritik zu unterwerfen und sie sogar mißzuverstehen; es steht Ihnen frei, eine Biographie von Marx zu entwerfen, die ein reines Phantasiestück ist. Was Ihnen aber nicht freisteht und was ich nie irgendwem erlauben werde, das ist, den Charakter meines toten Freundes zu verleumden."[31]

Wir haben keinen Grund, anders als Engels zu denken und zu handeln. Ja mehr noch: Unsere scharfe Polemik gilt allen Versuchen, durch eine Entstellung der Persönlichkeit von Marx sein Werk zu verleumden. Dabei geht es eigentlich nie nur um Marx als Menschen, als Wissenschaftler, als Familienvater, als Patient und so weiter. Es geht immer auch um den Marxismus als das einheitliche Lebenswerk von Karl Marx, das heute als Marxismus-Leninismus gewaltige Wirkungen in allen Teilen der Welt ausübt.

Marxtöter in Aktion

Einer der militantesten Marxkritiker der bundesdeutschen Gegenwart, der Universitätsprofessor Konrad Löw, fühlte sich vor einigen Jahren bemüßigt, den Autor dieses Büchleins scharf zu attackieren. Eine Mitarbeiterin und ich veröffentlichten zum Marx-Jahr 1983 in der „Deutschen Zeitschrift für Philosophie", Heft 2/1983, einen Artikel, der sich mit grundlegenden Tendenzen der bürgerlichen Marxismuskritik befaßte. Dort schrieben wir, daß wir uns mit jener bewußt und offen *gegen* den Marxismus-Leninismus gerichteten Kritik beschäftigen wollten, „die das erklärte Ziel verfolgt, ihn zu analysieren, zu interpretieren, zu verzerren und zu fälschen, um seine Wirkung einzudämmen und die geistige Herrschaft der Monopolbourgeoisie zu stärken"[32]. Das gefiel Herrn Löw nun gar nicht. Einmal abgesehen davon, daß er diesen Artikel in einer nicht existierenden Zeitschrift „Philosophische Hefte" gelesen haben wollte, ist es natürlich verständlich, daß sich ein berufsmäßiger Marxkritiker ertappt fühlt, wenn man ihm Fälschung vorwirft. Und so verkündet Löw mit großer Geste: „Doch nirgendwo gibt es im Westen eine Marxismuskritik, ‚die das *erklärte Ziel*' der Fälschung verfolgt. Diese Anschuldigung ist ebenso ungeheuerlich wie absurd. Keine der angeblichen Fälschungen wird verdeutlicht, geschweige denn nachgewiesen. Entsprechende Anfragen bleiben unbeantwortet."[33]

Da „entsprechende Anfragen" bisher nirgendwo eingegangen sind, wir aber bei unserer Meinung bleiben, daß die hier zur Debatte stehende militante Marxkritik bezweckt, den Marxismus-Leninismus bewußt und gezielt, also absichtlich nicht nur zu analysieren und zu interpretieren, sondern auch zu verzerren und zu fälschen, wollen wir dafür einige Belege bringen.

Natürlich tun wir das nicht, um Herrn Löw zufriedenzustellen. Er weiß ganz genau, daß er ein verzerrtes, ein falsches Bild vom Marxismus-Leninismus zeichnet; nur zugeben will und darf er das nicht. Es zeugt doch wohl zumindest von weltfremder Ignoranz, wenn es bei ihm heißt: „*Trotz jahrelangen emsigen Suchens* kenne ich *keine positive, als richtig anerkannte Feststellung, die wir Marx verdanken.*"[34] Und man erhält schon einen gewissen Aufschluß darüber, wie Löw zu Karl Marx steht, wenn er es als eine „mutige Tat"[35] feiert, daß eine Gemeinde in der BRD ihre Karl-Marx-Straße in Brunnenstraße umgetauft hat.

Wenn wir hier einige Beispiele für die verzerrte und fälschende Darstellung des Marxismus-Leninismus anführen, dann wenden wir uns an den vorurteilsfreien Leser, der in den Texten von Marx, Engels oder Lenin nicht nach der Bestätigung seiner vorgefaßten antimarxistischen Meinung sucht, sondern der an Hand des originalen Textes erkennen kann — und auch erkennen will! —, wo verzerrte oder gefälschte Aussagen vorliegen.

Beginnen wir mit einem Artikel, den Konrad Löw am 10. Juli 1982 in der vielgelesenen Tageszeitung „Die Welt" veröffentlichte. Der Titel des Beitrags lautete: „Schon immer hing das Geschick der Arbeiter am Sternenbanner.

Widerlegter Prophet: Kuriose Marx-Zitate, die gern verschwiegen werden".

Dem Leser wird mitgeteilt, daß bis auf den heutigen Tag einschlägige Aussagen der Klassiker des Marxismus nicht vollständig veröffentlicht seien: „Denn der authentische Marx ist bestens geeignet, moskauhörige ‚Marxisten' erheblich zu verunsichern und das propagierte philosowjetische Marx-Bild zu zerstören." Nachdem man derart neugierig gemacht worden ist, erfährt man noch als Einschätzung des Autors: „Marx und Engels sind radikale Machtpolitiker, moralische Skrupel plagen sie nicht. Den Tüchtigen gehört die Erde, und das sind ... die Yankees." Also hat man als sensationelle Neuigkeit vernommen, daß Marx und Engels die Ansicht vertraten, das Geschick der Arbeiter habe schon immer an den USA gehangen, daß dies den heutigen Marxisten aber verschwiegen werde und daß sich damit offenbare, was für skrupellose Machtpolitiker Marx und Engels gewesen seien.

Und nun der Beweis für diese doch wohl schwerwiegenden Behauptungen: Löw zitiert als „originären Marxtext" folgenden Satz: „Vom Anfang des amerikanischen Titanenkampfs an fühlten die Arbeiter Europas instinktmäßig, daß an dem Sternenbanner das Geschick ihrer Klasse hing ... Unter diesen Umständen ist die Hartnäckigkeit bewundernswert, womit die Arbeiterklasse ... ihr Schweigen nur bricht, um ihre Stimme für die Vereinigten Staaten zu erheben."

Dieser Text stammt aus zwei recht unterschiedlichen Arbeiten. Der erste Teil steht in der Glückwunschadresse zur Wiederwahl von Abraham Lincoln (1809–1865) als Präsident der USA, die Marx im Auftrag des Zentralrats der Internationalen Arbeiterassoziation 1864 verfaßte. Der zweite Teil wurde einem Artikel entnommen, den Marx 1862 unter dem Titel „Ein Londoner Arbeitermeeting" für die Wiener Zeitung „Die Presse" schrieb. Bereits das Zusammenfügen von zwei Aussagen aus so verschiedenen Schriften und aus derart auseinanderliegenden Zeiten ist kein einwandfreies Wiedergeben eines „originären" Marxtextes. Und auch für ein geheimnistuerisches Verhalten zu diesen Texten gibt es keinen Grund: Den ersten Teil findet man in den Werken von Marx und Engels, Band 16, Seite 18; den zweiten Teil im Band 15, Seite 455. Nur in der von Löw ersonnenen Kombination sind sie den Marxisten unbekannt und bilden tatsächlich ein „kurioses" Marxzitat.

Beide Teile dieses „Beweisstücks" von Löw wurden dem Buchstaben nach richtig wiedergegeben. Wir haben es also nicht mit einer Fälschung des Textes durch Weglassen oder Hinzufügen von Worten zu tun. Das Problem liegt woanders. Die Aussage „Vom Anfang des amerikanischen Titanenkampfs an fühlten die Arbeiter Europas instinktmäßig, daß an dem Sternenbanner das Geschick ihrer Klasse hing" bezieht sich konkret-historisch auf den Nordamerikanischen Bürgerkrieg von 1861 bis 1865, der zwischen den Nordstaaten, die kapitalistisch entwickelt waren und in denen die Sklaverei zunehmend abgelehnt wurde, und den Südstaaten, die sich als Konföderierte Staaten von den USA abzutrennen suchten und die Beibehaltung der Sklaverei verteidigten, mit großem internationalem Widerhall geführt wurde. Karl Marx hat in vielen Arbeiten zum Nordamerikanischen Bürgerkrieg, zu seinem Verlauf und zu seiner nationalen und internationalen Bedeutung die verschiedenen Prozesse in dieser Auseinandersetzung genau analysiert. Wie es in der Grußadresse an Lincoln heißt, hätten die Arbeiter Europas sofort begriffen, „selbst noch ehe sie durch die fanatische Parteinahme der oberen Klassen für den Konföderiertenadel gewarnt worden, daß die Rebellion der Sklavenhalter die Sturmglocke zu einem allgemeinen Kreuzzug des Eigentums gegen die Arbeit läuten würde und daß für die Männer der Arbeit außer ihren Hoffnungen auf die Zukunft auch ihre vergangenen Eroberungen in diesem Riesenkampf jenseits des Ozeans auf dem Spiele standen"[36]. Die Geschicke der sich entwickelnden Arbeiterklasse in Europa waren also in dieser Weise mit dem Kampf in Amerika verbunden; keineswegs aber ging es um eine Abhängigkeit. Zitiert man nur den einen Satz, den Löw gewählt hat, so scheint völlig zeitlos, unkonkret das Schicksal der Arbeiterklasse in Europa ganz allgemein von den USA abzuhängen.

Dieser dem tatsächlichen Text geradezu entgegengesetzte Eindruck wird durch den zweiten Teil noch erhärtet. Und der zweite Teil ist in seinem inhaltlichen Gebrauch durch Löw eine klare Fälschung. Indem er einfach an den ersten Teil, der aus einem anderen Text, einer anderen Zeit und einem anderen Zusammenhang stammt, angeschlossen wird, sieht es so aus, als habe Marx hier gefolgert, daß aus der Abhängigkeit der europäischen Arbeiterklasse von den USA ihr Bekenntnis für die Vereinigten Staaten entstehe.

In Wirklichkeit geht es in dem Artikel „Ein Londoner Arbeitermeeting" um die Haltung der englischen Arbeiterklasse zum Nordamerikanischen Bürgerkrieg. Marx wies darauf hin, daß die herrschenden Kräfte in England auf eine Einmischung zugunsten der Südstaaten drängten. Da die Kriegswirren in Amerika sehr direkt zu einer Verschlechterung der Lebenslage großer Teile der englischen Arbeiterklasse beitrugen, versuchten die politischen Führungskreise, die Volksmeinung für eine solche Einmischung, gegen die USA zu beeinflussen. „Englische Einmischung in Amerika ist daher in diesem Augenblicke zur Messer- und Gabelfrage für die arbeitende Klasse geworden"[37], bemerkt Marx. Die Arbeiterklasse sei sich völlig bewußt, daß die Regierung nur auf den Ruf nach Intervention von unten warte. Und jetzt folgt der von Löw zitierte Satz, der in seinem Gesamtzusammenhang, ohne Auslassungen, so lautet: „Unter diesen Umständen ist die Hartnäckigkeit bewundernswert, womit die Arbeiterklasse schweigt oder ihr Schweigen nur bricht, um ihre Stimme gegen die Intervention, *für* die Vereinigten Staaten zu erheben."[38] Die Stimme für die Vereinigten Staaten zu erheben, das heißt hier, sich für die Berechtigung des Kampfes gegen Spaltung und Sklaverei auszusprechen; es bedeutet aber in keiner Weise eine Erklärung allgemeiner Art „für" die USA. Marx zitiert in seinem Aufsatz dann noch aus einem von den Versammelten angenommenen Antrag, in dem es unmißverständlich heißt, daß das Meeting es als besondere Pflicht der Arbeiter betrachte, „ihre Sympathie mit den Vereinigten Staaten in ihrem gigantischen Kampf für die Aufrechterhaltung der Union auszusprechen".

Deutlicher kann wohl nicht ausgedrückt werden, daß es sich hier um ein Solidaritätsbekenntnis der englischen Arbeiter für die fortschrittlichen Kräfte im Nordamerikanischen Bürgerkrieg handelt. Das ist ein ganz anderer Inhalt, als ihn Löw durch die verzerrende Zusammenfügung hineinlegt. Und um beim Leser keinen Zweifel aufkommen zu lassen, wird dann in der als Zitat von Marx ausgewiesenen Überschrift des Artikels aus der Feststellung, daß das Geschick der Arbeiterklasse in diesem Bürgerkrieg am Sternenbanner hinge, die verallgemeinernde, auf alle Zeiten bezogene Behauptung: *„Schon immer* hing das Geschick der Arbeiter am Sternenbanner". Das hat Marx nun tatsächlich nicht geschrieben, das ist auch eine Fälschung durch Ersetzen beziehungsweise Hinzufügen von Wörtern zu dem eigentlichen Zitat.

Man könnte einwenden, es handele sich hier doch nur um einen kleinen Artikel in einer Tageszeitung, wo man es nicht so ganz genau nehmen müsse. Aber der Verfasser Löw ist ja gerade mit dem Anspruch aufgetreten, den „authentischen" Marx zu Wort kommen zu lassen, was auch in einem solchen Artikel Exaktheit erfordert. Außerdem wirken derartige verzerrte und gefälschte knappe Darstellungen in Tageszeitungen meist breiter als ausgeklügelte Argumentationen; was bei der Masse der Leser hängenbleibt, ist die für sie kaum überprüfbare Aussage, schon Marx habe an die Überlegenheit der USA geglaubt.

Lassen wir es bei diesen Bemerkungen bewenden, soweit es um den genannten Artikel geht – und er ist leider nur einer von vielen. Der Universitätsprofessor Konrad Löw hat auch dicke Bücher geschrieben, die alle dem einen Ziel dienen: sich kritisch mit Marx und dem Marxismus zu befassen. Er erhebt damit den Anspruch, den Leser zu befähigen, sich nach der Lektüre seiner Werke „ein fundiertes eigenes Urteil über Geist und Lehre des Dr. Karl Marx zu bilden"[39]. Und er verbürgt sich „ehrenwörtlich" dafür, daß er „nichts Wesentliches verschweigt"[40]. Er hätte gut daran getan, zu ergänzen, daß er auch nichts hinzufügt oder verändert.

Aus dem breiten Angebot, das Löw beispielsweise in seinem Buch „Die Lehre des Karl Marx. Dokumentation – Kritik", erschienen in der „Sachbuchreihe" (!) eines Kölner Verlags, vor dem Leser entfaltet, wollen wir nur eine, allerdings zentrale Problematik herausgreifen. Es ist der Umgang mit dem „Kapital" von Marx. „Das Kapital" bildet den Mittelpunkt der Marxschen Theorien, es ist das entscheidende Werk bei der Begründung der wissenschaftlichen Weltanschauung der Arbeiterklasse. „Solange es Kapitalisten und Arbeiter in der Welt gibt, ist kein Buch erschienen, welches für die Arbeiter von solcher Wichtigkeit wäre, wie das vorliegende"[41], schreibt Friedrich Engels im Jahr 1868 über dieses Hauptwerk seines Freundes.

Das Kapital.

Kritik der politischen Oekonomie.

Von

Karl Marx.

Erster Band.

Buch I: Der Produktionsprocess des Kapitals.

Das Recht der Uebersetzung wird vorbehalten.

Hamburg

Verlag von Otto Meissner.

1867.

New-York: L. W. Schmidt. 24 Barclay-Street.

Titelblatt der Erstausgabe

Auch Konrad Löw geht von der hervorragenden Bedeutung des „Kapitals" aus. Doch bereits seine erste Einschätzung verrät, daß er dieses Werk mit den Augen des – durchaus nicht unvoreingenommenen – Kritikers sieht. „Mit dem Kapital steht und fällt der ganze wissenschaftliche Sozialismus. Es ist – unter Berücksichtigung der Vorarbeiten – Marxens einziges, zumindest der Form nach wissenschaftliches ‚marxistisches' Werk. Sein Leben, seine Gesundheit hat er ihm geschenkt. Wenn die Gedanken des ‚Kapital' nicht gediegen sind, obwohl er sie über Jahrzehnte ausgetragen hat, was dann? Alles andere sind doch nur Aperçus [geistreiche Einfälle – E. F.], flüchtige, mehrdeutige, unsystematische Herzensergüsse eines zornigen Mannes. Als Wissenschaftler, ja als seriöser Denker steht und fällt Marx mit dem Kapital."[42]

Natürlich lassen sich solche Arbeiten, die Marx gemeinsam mit Friedrich Engels oder auch allein verfaßte, wie das „Manifest", das „Elend der Philosophie", die „Deutsche Ideologie", „Der achtzehnte Brumaire", „Der Bürgerkrieg in Frankreich", nicht einfach als „flüchtige Herzensergüsse" vom Tisch wischen. Aber durchaus richtig ist die hohe Bewertung des „Kapitals" für die Grundpositionen der marxistisch-leninistischen Theorie.

Da nach Löws Ansicht Karl Marx seine Gedanken jedoch „unförmig aufgebläht" und in eine „unnötig komplizierte sprachliche Form"[43] gekleidet habe, versucht er sich als eine Art Dolmetscher von Marx. Von einem Sprachmittler, noch dazu von einem, der sich ehrenwörtlich verpflichtet hat, nichts Wesentliches zu verschweigen, erwartet man natürlich eine möglichst objektive Wiedergabe der Gedanken, vor allem keine eigenen wertenden Kommentare. Bei Konrad Löw jedoch wird die Erklärung der Ideen des „Kapitals" zu einer Anhäufung von Halbwahrheiten und Unterstellungen, Abwertungen und – wie der Fußballer sagen würde – vielen versteckten Fouls. Hier ein paar Kostproben davon, wie er den unvoreingenommenen Leser in das „Kapital" einführt: Marx wolle nachweisen, „daß es im Kapitalismus zwei Hauptklassen gibt, die Arbeiter und die Schmarotzer" (S. 148) ... „Auch hier wird der Leser nicht überfordert. Nicht die Fakten, nur die Formulierungen können Schwierigkeiten bereiten" (S. 155) ... „Die gebetsmühlenähnlichen Tautologien reichen bis in die Überschriften"

(S. 159) ... „Obwohl diese Binsenweisheit niemand ernstlich bestreiten wird, verschwendet Marx darauf nochmals 10 Seiten" (S. 176) ... „Auch hier erweist sich Marx als Meister in der Darstellung dessen, worauf es nicht ankommt" (S. 177) ... „Der Schluß des Buches trägt apokalyptische Züge." (S. 189)

Eine besonders vernichtende Beurteilung hat sich Löw für seine zusammenfassende Wertung aufgehoben. Überzeugt von der Richterfunktion einer Universität, stellt er die Frage, ob denn das „Kapital" 1867 eine „reelle Chance" gehabt hätte, „an einer deutschen Universität als Dissertation angenommen zu werden"[44], und beantwortet das — wie nicht anders zu erwarten — mit einem glatten Nein. Ein Grund besteht für ihn darin, daß man die 750 Seiten durchaus ohne inhaltlichen Verlust auf 5 Prozent, also etwa 35 bis 40 Seiten, reduzieren könnte. Und so kommt denn der Abschluß gar nicht mehr überraschend: *Das Kapital enthält keine neuen, sachlich richtigen Erkenntnisse.*"[45]

Der Umgang des Marxkritikers Konrad Löw mit dem „Kapital" ist nicht neu. Stets bezwecken die rabiaten Marxtöter — und Löw gehört eindeutig in diese Kategorie — die theoretische Vernichtung von Marx. Das aber erfordert, daß man das „Kapital" in Grund und Boden verdammt. Löw gibt sich zwar den Anschein einer objektiven Betrachtung, indem er nacheinander die Hauptabschnitte des „Kapitals" vorstellt. In den sieben Abschnitten „Ware und Geld", „Die Verwandlung von Geld in Kapital", „Die Produktion des absoluten Mehrwerts", „Die Produktion des relativen Mehrwerts", „Der Arbeitslohn" und „Der Akkumulationsprozeß des Kapitals" erfolgt die wissenschaftliche Darstellung des „Produktionsprozesses des Kapitals". Wer sich den Inhalt dieses Prozesses wirklich aneignen will, muß die Knotenpunkte erfassen, muß die zentralen Einsichten und neuen Wertungen, die Entdeckungen der Analyse des Kapitals wahrnehmen. Mit der Art der „Übersetzung" von Marx durch Löw wird man von diesen Einsichten ferngehalten, durch ständiges Kritikastern auf Nebensächlichkeiten und Einzelbeispiele gelenkt, während einem die tatsächlichen Inhalte von Ware, Wert, Arbeitslohn usw. hinter einem Wust von abwertenden „Hinweisen" verborgen bleiben.

Löw führt mit seiner „Einführung" nicht in die wissen-

Friedrich Engels in den sechziger Jahren

schaftlichen Einsichten des „Kapitals" ein, sondern von ihnen weg.

Der Gedankengang von Marx in seinem Hauptwerk läßt sich, orientiert auf die entscheidenden Einsichten, sehr genau und für jeden Leser faßlich darlegen. Das hat bereits Friedrich Engels gezeigt, als er die wichtige Entdeckung von Marx, wie sich in der kapitalistischen Produktionsweise die Ausbeutung der Arbeiter durch die Kapitalisten vollzieht, einprägsam und verständlich formulierte. Es lohnt sich, nicht nur in Konfrontation zur diffusen Kritikasterei des Konrad Löw, diesen Text zu lesen — auch wenn er etwas länger ist. Friedrich Engels schreibt:

„Seitdem die politische Ökonomie den Satz aufgestellt hatte, daß die Arbeit die Quelle alles Reichtums und alles Werts sei, war die Frage unvermeidlich geworden: Wie es denn damit vereinbar sei, daß der Lohnarbeiter nicht die ganze, durch seine Arbeit erzeugte Wertsumme erhalte, sondern einen Teil davon an den Kapitalisten abgeben müsse? Sowohl die bürgerlichen Ökonomen wie die Sozialisten mühten sich ab, auf die Frage eine wissenschaftlich stichhaltige Antwort zu geben, aber vergebens, bis endlich Marx mit der Lösung hervortrat. Diese Lösung ist die folgende: Die heutige kapitalistische Produktionsweise hat zur Voraussetzung das Dasein zweier Gesellschaftsklassen; einerseits der Kapitalisten, die sich im Besitz der Produktions- und Lebensmittel befinden, und andrerseits der Proletarier, die, von diesem Besitz ausgeschlossen, nur eine einzige Ware zu verkaufen haben: ihre Arbeitskraft; und die diese ihre Arbeitskraft daher verkaufen müssen, um in den Besitz von Lebensmitteln zu gelangen. Der Wert einer Ware wird aber bestimmt durch die in ihrer Erzeugung, also auch in ihrer Wiedererzeugung verkörperte gesellschaftlich notwendige Arbeitsmenge, der Wert der Arbeitskraft eines durchschnittlichen Menschen während eines Tages, Monates, Jahres also durch die Menge von Arbeit, die in der zur Erhaltung dieser Arbeitskraft während eines Tages, Monates, Jahres notwendigen Menge von Lebensmitteln verkörpert ist. Nehmen wir an, die Lebensmittel des Arbeiters für einen Tag erforderten sechs Arbeitsstunden zu ihrer Erzeugung oder, was dasselbe ist, die in ihnen enthaltene Arbeit repräsentiere eine Arbeitsmenge von sechs Stunden; dann wird der Wert der Arbeitskraft für einen Tag sich ausdrücken in einer Geldsumme, die ebenfalls sechs Arbeitsstunden in sich verkörpert. Nehmen wir ferner an, der Kapitalist, der unsern Arbeiter beschäftigt, zahle ihm dafür diese Summe, also den vollen Wert seiner Arbeitskraft. Wenn nun der Arbeiter sechs Stunden des Tages für den Kapitalisten arbeitet, so hat er diesem seine Auslagen vollständig wieder ersetzt — sechs Stunden Arbeit für sechs Stunden Arbeit. Dabei fiele freilich nichts ab für den Kapitalisten, und dieser faßt deshalb auch die Sache ganz anders auf: Ich habe, sagt er, die Arbeitskraft dieses Arbeiters nicht für sechs Stunden, sondern für einen ganzen Tag gekauft, und demgemäß läßt er den Arbeiter je nach Umständen 8, 10, 12, 14 und mehr Stunden arbeiten, so daß das Produkt der siebenten, achten und folgenden Stunden ein Produkt unbezahlter Arbeit ist und zunächst in die Tasche des Kapitalisten wandert. So erzeugt der Arbeiter im Dienste des Kapitalisten nicht nur den Wert seiner Arbeitskraft wieder, den er bezahlt erhält, sondern er erzeugt auch darüber hinaus einen *Mehrwert,* der, zunächst vom Kapitalisten angeeignet, im weiteren Verlauf nach bestimmten ökonomischen Gesetzen auf die gesamte Kapitalistenklasse sich verteilt und den Grundstock bildet, aus dem Bodenrente, Profit, Kapitalanhäufung, kurz, alle von den nichtarbeitenden Klassen verzehrte oder aufgehäufte Reichtümer entspringen. Hiermit war aber nachgewiesen, daß die Reichtumserwerbung der heutigen Kapitalisten ebensogut in der Aneignung von fremder, unbezahlter Arbeit besteht, wie die der Sklavenbesitzer oder der die Fronarbeit ausbeutenden Feudalherren, und daß sich alle diese Formen der Ausbeutung nur unterscheiden durch die verschiedene Art und Weise, in der die unbezahlte Arbeit angeeignet wird. Damit war aber auch allen heuchlerischen Redensarten der besitzenden Klassen, als herrsche in der jetzigen Gesellschaftsordnung Recht und Gerechtigkeit, Gleichheit der Rechte und Pflichten und allgemeine Harmonie der Interessen, der letzte Boden unter den Füßen weggezogen, und die heutige bürgerliche Gesellschaft nicht minder als ihre Vorgängerinnen enthüllt als eine großartige Anstalt zur Ausbeutung der ungeheuren Mehrzahl des Volks durch eine geringe und immer kleiner werdende Minderzahl."[46]

Hier finden wir in knapper Form eine präzise Angabe der

wichtigsten Gedanken von Karl Marx in seinem Buch „Das Kapital". Konrad Löw dagegen, der auf immerhin 84 Seiten seine Ausdeutung vornimmt – was insofern erstaunlich ist, als er doch die Meinung vertritt, 40 Seiten hätten für das ganze „Kapital" gereicht! –, offenbart hier eine peinliche Unkenntnis. Es wird offenkundig: Er will nicht nur verhindern, daß seine Leser den wirklichen Inhalt des „Kapitals" verstehen, sondern er selbst hat ihn nicht erfaßt. Beispielsweise zitiert er die tatsächlich wichtige Aussage, daß die Erhaltung der Arbeitskraft weniger koste, als sie Wert produzieren kann, was ein besonderes Glück für den Käufer der Ware Arbeitskraft, aber durchaus kein Unrecht gegen den Verkäufer sei. Da stockt dem Marxkritiker Löw der Atem: Diese Sätze „sind auf den ersten Blick absolut sensationell ... Auch das ist Marx, wie ihn nicht einer unter einhundert Marxisten kennt ... "[47]

Sensationell kann diese nüchterne Feststellung von Marx nur für jemanden sein, der meint, Marx unterscheide zwischen Arbeitern und „Schmarotzern" oder für Marx sei Eigentum „Diebstahl" oder Marx argumentiere gegen die unbezahlte Aneignung des Mehrwerts mit Hilfe der Moral. Marx arbeitet in seinem Werk mit dem wissenschaftlichen Instrumentarium der politischen Ökonomie, mit der dialektischen Methode, um das Kapital, seine Entstehung und Entwicklung gründlich zu analysieren. Ebendas kann und will die bürgerliche Marxkritik nicht einsehen.

Es gäbe noch vieles anzuführen, was belegt, daß es Konrad Löw nicht um objektive Einsichten in die Gedankenwelt von Karl Marx geht. Einige seiner „Einwände" sind bereits so alt wie das „Kapital" selbst, und schon Marx hat sich in seinen Vor- und Nachworten damit auseinandergesetzt. So versucht Löw, den Leser glauben zu machen, der Verfasser des „Kapitals" habe nicht aus Fakten seine Erkenntnisse gewonnen, sondern umgekehrt eine bloße Behauptung aufgestellt und dann Fakten gesucht, die diese These belegen. Marx selbst weist im Nachwort zur zweiten Auflage seines Werkes darauf hin, daß es einen erheblichen Unterschied zwischen der Forschung und der Darstellung gibt: „Die Forschung hat den Stoff sich im Detail anzueignen, seine verschiedenen Entwicklungsformen zu analysieren und deren innres Band aufzuspüren. Erst nachdem diese Arbeit vollbracht, kann die wirkliche Bewegung entsprechend dargestellt werden. Gelingt dies und spiegelt sich nun das Leben des Stoffs ideell wider, so mag es aussehn, als habe man es mit einer Konstruktion a priori zu tun."[48] Diese sachliche Erläuterung zum Unterschied von Forschung und Darstellung eines Stoffes stand natürlich auch Löw zur Verfügung; daß er sie seinen Lesern nicht darbietet, sondern gerade in der gezeigten Weise gegen Marx polemisiert, macht ihn nicht überzeugender.

Alles in allem gilt wohl für Marxtöter vom Stil eines Konrad Löw — und er steht ja für eine ganze Phalanx militanter Marxkritik der Gegenwart — jenes stolze und selbstbewußte Wort von Karl Marx, er hoffe, mit seinem Hauptwerk „der Bourgeoisie theoretisch einen Schlag zu geben, von dem sie sich nie erholen wird"[49]. Tatsächlich bewegt sich die Polemik auf einem solchen Niveau, daß man ihr anmerkt, wie hilflos sie sich gegenüber dem „Kapital" fühlt. Der totale Verriß bleibt die einzige Möglichkeit — nur ist das heute ebenso ein Eingeständnis der eigenen defensiven Position wie vor hundertzwanzig Jahren, als das „Kapital" veröffentlicht wurde. Die Lebenskraft der Ideen dieses gewaltigen Werkes ließ sich damit nicht beseitigen, wovon nicht zuletzt die Tatsache zeugt, daß beispielsweise in der DDR seit 1945 fast eine Million Exemplare vom Ersten Band des „Kapitals" erschienen sind.

Wir haben an zwei unterschiedlichen Belegen gesehen, wie Konrad Löw mit dem Marxismus umgeht: Er verzerrt die Aussagen von Marx, scheut sich auch nicht, direkt zu fälschen, und führt durch seine Interpretation den unvoreingenommenen Leser in die Irre, bemüht sich darum, ihn zu einem voreingenommenen Antimarxisten zu machen. Aber sein militanter Antimarxismus ist noch steigerungsfähig. Löw nutzt nämlich eine nur scheinbar theoretische Kritik aus, um den Marxismus und Marx in einer kaum zu überbietenden Weise zu diffamieren: In seinem Buch „Warum fasziniert der Kommunismus?", das 1980 ebenfalls in einer „Sachbuch(!)reihe" erschien, rechnet er mit dem Anspruch der Marxisten ab, Antifaschisten zu sein, und versteigt sich zu der ungeheuerlichen Behauptung, daß sich die marxistische Weltanschauung und das nationalsozialistische Weltbild „wirklich wie Zwillinge"[50] gleichen. Überall entdeckt er Ähnlichkeiten oder Übereinstimmungen zwischen Karl Marx und Adolf Hitler (1889—1945), spricht vom „Judenhaß" bei Marx und vom „Chauvinismus" der Klassiker des Marxismus: „Alle imperialistischen Aktionen im Osten und Südosten hätte Hitler mit Marx- und Engelszitaten ‚rechtfertigen' können"[51], behauptet Löw und präsentiert gleich eine ganze Serie von Aussagen, die beweisen sollen, daß Marx und Engels gegen Österreich und die Tschechen, gegen die Polen und den Balkan und nicht zuletzt gegen Rußland gewesen seien. Auch hier wird die bewährte Methode praktiziert, Äußerungen von Marx und Engels, die sich auf eine konkret-historische Situation beziehen, so zu zitieren, als seien sie von allgemeiner Natur: Die scharfe Ablehnung des Zarismus in Rußland und der leidenschaftliche Kampf aller revolutionären Kräfte gegen dieses Bollwerk der Reaktion im Europa der Zeit nach 1848 erscheint in der Deutung von Löw als ein abstrakter „Russenhaß"; Karl Marx und Friedrich Engels werden sogar als Vertreter eines allgemeinen Germanenkults, nämlich eines „Pangermanismus", ausgegeben.

Das Bemühen von Konrad Löw, Marx und Hitler, den Marxismus-Leninismus und die faschistische Ideologie in einen möglichst engen Zusammenhang zu bringen, dient einem deutlich erkennbaren Ziel: Die sozialistische Gesellschaft, die Wirklichkeit des heutigen Lebens im Sozialismus soll in die Nähe von Faschismus und menschenfeindlicher Diktatur gerückt und als angeblicher „Totalitarismus" verteufelt werden. Dieses Anliegen sämtlicher militanten Marxtöter der Gegenwart zeigt, daß es bei all solchen Bemühungen gar nicht um eine theoretische Kritik am Marxismus-Leninismus geht, sondern um die Möglichkeit, den realen Sozialismus politisch anzufeinden.

In einer Polemik mit dem Autor dieses Büchleins schrieb Konrad Löw: „Diese Form der geistigen Auseinandersetzung ist unfruchtbar; die Voraussetzungen für einen fairen wissenschaftlichen Kampf der Argumente zwischen den Moskau-orientierten Marxisten und den westlichen Marxologen im Rahmen der ‚friedlichen Koexistenz' sind bis auf weiteres nicht gegeben."[52]

Hier hat Löw einmal recht: Ein fairer wissenschaftlicher Streit zwischen Marxisten und Leuten, die Marx und Hitler auch nur zusammen denken können, ist nicht bloß unfruchtbar, sondern unmöglich; denn die Marxtöter dieses Kalibers wollen gar keinen fairen wissenschaftlichen Meinungsstreit.

Daß aber ein Streit der Ideen unter den Bedingungen der friedlichen Koexistenz von Staaten unterschiedlicher Gesellschaftsordnung durchaus möglich ist, daß man sich über Marx und den Marxismus auseinandersetzen kann, ohne daß es zu Fälschungen oder Diffamierungen kommen muß, daß auch Nichtmarxisten zu seriösen Forschungen über Marx und den Marxismus imstande sind, das belegen immer wieder die Ergebnisse ernsthafter bürgerlicher Marxforscher aus Vergangenheit und Gegenwart. Dazu darf man allerdings nicht Marx „von rechts" lesen. Wer jedoch wie Konrad Löw den Marxismus als Kampffeld für die eigenen antikommunistischen Ansichten benutzt, kann weder einen fruchtbaren Beitrag zur Marxforschung leisten noch ein fairer Widersacher im theoretischen Kampf sein.

Wenn wir uns bisher nur auf einen Marxkritiker wie Konrad Löw konzentriert haben, dann vor allem deshalb, weil er zu den heute besonders einflußreichen Theoretikern zählt, die eine *konservative* Marxkritik von rechts betreiben. Der promovierte Jurist, 1931 in München geboren, lehrt als Professor an der Universität in Bayreuth. Er vertritt eine offene, frontale Marxkritik, attackiert in der dargestellten Weise den Marxismus-Leninismus in seiner Gesamtheit und scheut dabei auch nicht vor zweifelhaften Methoden und Mitteln zurück. Löw wirkt über seine marxologischen Bücher und seine Veröffentlichungen in massenhaft erscheinenden Tageszeitungen, über Forschungsarbeiten und wissenschaftliche Gesellschaften, über den Apparat der politischen Bildung und andere Kanäle, die alle die öffentliche Meinungsbildung speisen. So ist es nicht verwunderlich, daß die Ansichten, die heute in der BRD über Marx und den Marxismus herrschen, den Einschätzungen und Wertungen von Löw und ihm geistig verwandten Marxkritikern immer ähnlicher werden. In der Schuljugend und bei den Studenten, in den Medien sowie in den großen bürgerlichen Parteien hat das intensive Wirken solcher Marxtöter wie Konrad Löw seine Spuren hinterlassen.

Natürlich ist das nicht das Werk eines Mannes. Er repräsentiert eine ganze Gruppierung konservativer Marxtöter. Zwischen ihnen bestehen neben den zentralen Übereinstimmungen im Herangehen an den Marxismus und im Umgang mit ihm durchaus auch Unterschiede.

Oft findet man flache und falsche Interpretationen, denen man die Absicht, den Marxismus zu verdammen, deutlich anmerkt. Dazu zählt eine solche Arbeit wie die des Journalisten Walter Wittmann „Kreuzzug gegen die Realität. Die ersten hundert Jahre nach Karl Marx" aus dem Jahr 1983. Dort wird zum Beispiel behauptet, Marx habe aus den Begriffen Kapitalist und Kapitalismus „Schimpfwörter" gemacht[53], obwohl ein Blick in das „Kapital" genügt hätte, um zu sehen, wie sachlich Marx die Kategorien „Kapitalist" und „Kapitalismus" benutzt. Aber wer wie Wittmann allen Ernstes erklärt, „Ausbeutung liegt vor, wenn einem Menschen das vorenthalten wird, was ihm eigentlich gehört"[54], der bezeugt ja geradezu öffentlich, daß er keinen Satz von Marx verstanden hat.

Ganz anders geht der Historiker Ernst Nolte vor, der sich in vielen Arbeiten mit der Entstehung und Entwicklung von Ideologien befaßt und dabei dem Marxismus-Leninismus stets besondere Aufmerksamkeit gewidmet hat. In seinem Buch „Marxismus und Industrielle Revolution" aus dem Jahr 1983 breitet er umfängliches und detailliertes Material über die industrielle Revolution in England seit Mitte des 18. Jahrhunderts aus, um dann zu zeigen, wie Marx und Engels daran anknüpfen. Das führt ihn nach vielen — teilweise recht interessanten — Überlegungen zu dem Schluß, daß der Marxismus „eine Spiegelung der Industriellen Revolution oder, mit einem anderen Wort, der frühindustriellen Verhältnisse"[55] darstelle, womit der Autor das Ziel erreicht hat: Der Marxismus erscheint als eine Theorie, die mehr oder weniger richtig die Verhältnisse des 18. Jahrhunderts reflektiert, also nicht aktuell und für die ganz anders geartete Gegenwart unbrauchbar ist.

Wiederum mit einem anderen Anspruch operiert der Dominikaner Joseph Maria Bochenski, der bereits in den fünfziger Jahren Arbeiten über den dialektischen Materialismus veröffentlicht hat und Mitherausgeber eines „Handbuchs des Weltkommunismus" ist. Er hielt Mitte der sechziger Jahre im Fernsehen eine dreizehnteilige Vorlesung zum Marxismus-Leninismus, die 1973 wiederholt wurde und danach auch als Buch erschien, das dann wiederum die Bayerische Landeszentrale für politische Bildungsarbeit in München als Arbeitsheft benutzte. Hier geht es darum, in möglichst übersichtlicher, knapper und einprägsamer Form einen Marxismus-Leninismus vorzuführen, der der Masse der Leser – beziehungsweise Zuschauer – als ein „militanter Glaube" erscheint, den man widerlegen und bekämpfen müsse; denn die „permanente Auseinandersetzung" mit dem Marxismus-Leninismus stelle eine „Gewissensfrage" dar.[56]

Viele solcher Beispiele könnten noch folgen, die alle zweierlei zeigen: erstens die Verschiedenheit der inhaltlichen Orientierungen, der Mittel und Methoden der Vertreter einer konservativen Marxkritik, so daß sich nicht an einem Repräsentanten die Gesamtheit der militanten Kritik belegen läßt; zweitens die Übereinstimmung all dieser unterschiedlichen Positionen in der Zielsetzung – einer offenen, frontalen Attacke gegen den Marxismus-Leninismus, um ihn zurückzudrängen, zu bekämpfen, ja zu verteufeln. In diesem Sinn sind sämtliche konservativen Marxkritiker von heute irgendwo stets auch Marxtöter.

In der Werkstatt von Fälschern

Nach bürgerlichem Verständnis existieren heute drei Arten von Spezialisten für die Beschäftigung mit dem Marxismus-Leninismus: „nämlich die *Marxologen*, die *Leninologen* und die *Sowjetologen*. Jedes dieser Gebiete ist so groß, daß kein einzelner Mensch imstande ist, sie alle zu beherrschen. Freilich muß ein Sowjetologe gut in Lenin und Marx belesen sein; aber er braucht kein Spezialist auf diesen Gebieten zu sein und er kann es einfach nicht. Und umgekehrt auch: Ein wissenschaftlicher Kenner von Marx ist nicht von vornherein ein Kenner des Leninismus, und auch ein hervorragender Kenner des Leninismus ist noch kein Sowjetologe."[57]

Mit solchem Herangehen erfolgt eine Aufspaltung sowohl der einheitlichen marxistisch-leninistischen Theorie als auch der Beziehung von Theorie und Praxis, die dem Wesen des Marxismus-Leninismus entgegengesetzt ist.

80

Marxismus und Leninismus sind nicht zwei nebeneinander bestehende Theorien, die man getrennt voneinander wissenschaftlich untersuchen und kritisieren kann. Der Leninismus ist eine folgerichtige, wissenschaftliche Entwicklung auf der Grundlage der Lehren von Marx und Engels und im Rahmen des Marxismus.

„Lenin wandte die Lehren von Marx schöpferisch auf die neuen Bedingungen an und bereicherte sie durch neue Erkenntnisse. Dazu gehören die auf Marx' ökonomische Theorie gegründete Analyse des Imperialismus, die Weiterentwicklung der Revolutionstheorie, die Ausarbeitung der theoretischen Grundlagen der Partei neuen Typs und ihrer Strategie und Taktik im Kampf um die Eroberung der politischen Macht und beim Aufbau des Sozialismus. Seither wird die Lehre von Marx folgerichtig mit ihrer Weiterentwicklung durch Lenin verbunden. Der Marxismus wurde zum Marxismus-Leninismus."[58]

Marxismus und Leninismus können also nicht nebeneinander und schon gar nicht gegeneinander erforscht werden. Wer sich etwa darum bemüht, Unterschiede in den Ansichten von Marx und Lenin zu suchen und sie zum Wesentlichen zu erheben, fälscht die tatsächliche Geschichte der Entwicklung des Marxismus-Leninismus.

Doch es geht nicht allein um eine solche Entgegensetzung, in der die bürgerlichen Kritiker Marx als bloßen Theoretiker, Lenin als bloßen Politiker zu charakterisieren versuchen, so als hätte der eine nur gedacht und der andere nur gehandelt.

Von besonderer Bedeutung ist auch die Erkenntnis, daß der Marxismus-Leninismus nicht einfach eine theoretische Lehre darstellt. Was ihn von anderen Gesellschaftstheorien, was ihn auch vom utopischen Sozialismus unterscheidet und gerade seine neue Qualität ausmacht, das ist seine untrennbare Verbindung mit dem praktischen Kampf der Arbeiterbewegung. Marxismus-Leninismus ist Gesellschafts*wissenschaft* und revolutionäre *Weltanschauung* in einem.

Wenn also gegliedert oder gar getrennt wird in „Marxologen", die sich mit dem Marxismus beschäftigen, in „Leninologen", die sich mit dem Leninismus auseinandersetzen, und in „Sowjetologen" oder auch „DDRologen" oder „Kommunismusforscher", die sich mit dem realen Sozialismus befassen, dann handelt es sich dabei keineswegs um eine notwendige wissenschaftliche Arbeitsteilung. Eine derartige Trennung richtet sich gegen die innere Einheit, gegen die innere Beziehung von Theorie und Praxis, gegen die Wissenschaftlichkeit des Marxismus-Leninismus.

Natürlich gilt für unser Herangehen ebenfalls, daß wir stets diese Einheit beachten und zum Ausgangspunkt aller Überlegungen, darunter auch der Polemik nehmen. Wenn wir uns hier etwas einschränken und uns auf die bürgerliche Marxismuskritik konzentrieren, wenn wir nicht bei jeder Problematik auf die Entwicklung im Leninismus und die damit verbundene sozialistische Wirklichkeit hinweisen, dann deshalb, weil wir uns an Leser wenden, die alle über bestimmte, obgleich sicher unterschiedliche Kenntnisse im Marxismus-Leninismus verfügen, die im Sozialismus leben und so mit dieser ihrer Gesellschaft vertraut sind, eigene Erfahrungen besitzen. Solche Kenntnisse und Erfahrungen werden als eigener produktiver Beitrag des Lesers vorausgesetzt, den man daher nicht ständig zu wiederholen braucht. Insofern sind eigentlich immer, wenn über Marx und seine Ansichten gestritten wird, Lenin und der reale Sozialismus gegenwärtig.

Werfen wir einen ersten Blick in die Werkstatt der Marxfälscher, dann fällt uns die Vielfalt der Mittel und Methoden, die Buntheit der Palette von Beispielen, der Wirrwarr von Begründungen, Beteuerungen, Argumenten, Belegen auf. Es hat den Anschein, als ob man da nie ganz durchsehen könnte. Aber wir sind ja gewappnet: Wir haben den originalen Marx in Bereitschaft, wir haben unsere Kenntnisse vom Marxismus-Leninismus mobilisiert, und wir besitzen schon einige Erfahrungen mit den Marxologen. Daher begnügen wir uns nicht mit einem ersten Blick, mit der bloßen Oberfläche. Bei genauerem Hinsehen, bei ein wenig Anstrengung, bei Überprüfung des Vorgefundenen entwirrt sich das Bild, und die Praktiken, Mittel und Methoden der Marxfälscher lassen sich ordnen, systematisieren, zusammenfassen. Und mit jedem Schritt unserer Analyse wird deutlicher sichtbar, daß hinter der scheinbaren Vielfalt und Buntheit eine recht einfallslose Wiederholung einiger weniger Fälschungen und Verzerrungen steckt.

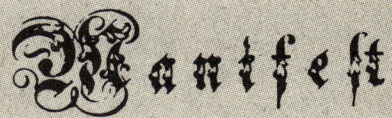

Manifest

der

Kommunistischen Partei.

———

Veröffentlicht im Februar 1848.

Proletarier aller Länder vereinigt euch.

————

London.

Gedruckt in der Office der „Bildungs-Gesellschaft für Arbeiter"
von J. E. Burghard.
16, Liverpool Street, Bishopsgate.

Bereits im „Manifest" von 1848 setzten sich Marx und Engels mit ihren
Kritikern auseinander.

Welches sind die hauptsächlichen Wege und Methoden, die uns in der nun schon hundertjährigen Praxis der Marxfälschung immer wieder begegnen?

Da finden wir zuerst die *Taktik des Totschweigens* — sicherlich die älteste Methode der Reaktion auf den Marxismus, doch bis zur Gegenwart nie ganz verschwunden. Versuchte man in der Entstehungsphase des Marxismus noch, ihn als Ganzes zu verschweigen, ihn einfach nicht zur Kenntnis zu nehmen, so geht das natürlich heute nicht mehr. Dazu reicht die Kraft der bürgerlichen Ideologen und Marxologen nicht mehr aus. Aber diese Methode wird noch immer verwendet, um bestimmte Ansichten, Aussagen, vor allem auch neue Positionen des Marxismus nicht zu akzeptieren, sie als nicht existent zu behandeln.

Nehmen wir ein solches Beispiel wie das wachsende Interesse der verschiedensten Kräfte in der heutigen Welt an der Ökologie. In der Diskussion um globale Fragen der gegenwärtigen und zukünftigen Menschheitsentwicklung spielen ökologische Probleme eine große Rolle. Die theoretische Arbeit dazu nutzt natürlich auch die Vorleistungen der Vergangenheit. Dabei nehmen die Aussagen von Marx einen wichtigen Platz ein.

Karl Marx untersuchte mit der ihm eigenen Gründlichkeit das Verhältnis von Mensch und Natur. Er wies nach, daß die für die menschliche Existenz notwendige Arbeit ein Prozeß ist, „worin der Mensch seinen Stoffwechsel mit der Natur durch seine eigne Tat vermittelt, regelt und kontrolliert"[59]. Wie der Mensch sich die Natur aneignet, wie er sie nutzt, welche Folgen dabei auftreten, das hängt natürlich von den gesellschaftlichen Verhältnissen, von der bewußten Gestaltung dieser Beziehung ab. Einprägsam formulierte Friedrich Engels dazu folgende Konsequenz: „Und so werden wir bei jedem Schritt daran erinnert, daß wir keineswegs die Natur beherrschen, wie ein Eroberer ein fremdes Volk beherrscht, wie jemand, der außer der Natur steht — sondern daß wir mit Fleisch und Blut und Hirn ihr angehören und mitten in ihr stehn, und daß unsre ganze Herrschaft über sie darin besteht, im Vorzug vor allen andern Geschöpfen ihre Gesetze erkennen und richtig anwenden zu können."[60]

Karl Marx und Friedrich Engels haben die Probleme, die heute unter dem Stichwort Ökologie weltweit diskutiert werden, nicht nur frühzeitig erkannt und beschrieben. Sie erhoben auch die Forderung, daß die Menschen, die Nationen, die Gesellschaften als Nutznießer der Erde die Verpflichtung haben, sie den nachfolgenden Generationen verbessert zu hinterlassen. Und sie gaben zudem vielfältige Hinweise, wie das zu machen wäre. So erläuterte Karl Marx in einem Abschnitt „Nutzbarmachung der Exkremente der Produktion"[61] die Wiederverwendung der Abfälle der Produktion und Konsumtion, eine Problematik, die heute in vielfältiger Weise gerade unter dem Aspekt der Entlastung der Umwelt behandelt wird.

Die Einsichten und Überlegungen von Marx und Engels werden nicht nur in marxistisch-leninistischen Untersuchungen zu ökologischen Fragen genutzt, sondern auch von ernsthaften bürgerlichen Wissenschaftlern gewürdigt. Bei den bürgerlichen Marxkritikern aber, insbesondere bei den Marxologen, die Marx „von rechts" zu lesen bemüht sind, findet man dazu nur — Sprachlosigkeit, ganz so, als sei Marx hier überfragt.

Und ebendas ist natürlich auch die Absicht bei der Taktik des Verschweigens. Wo sie heute benutzt wird, soll sie den Eindruck erwecken, daß der Marxismus zu diesem oder jenem Problem nichts hergebe, daß er zu modernen Entwicklungen nichts zu sagen habe.

> Mit dem Totschweigen kann man nicht verhindern, daß der Marxismus-Leninismus seinen Einfluß erweitert; aber man kann bestimmte Kräfte zu bestimmten Fragen desorientieren, indem man ihnen weismacht, daß bei Marx dazu nichts zu holen sei.

Zu den ältesten Mitteln der Fälschung zählen auch die direkten *Manipulierungen am Text,* also die Veränderung des originalen Textes in einer solchen Weise, daß eine gewünschte Aussage entsteht, die man sonst bei Marx nicht nachweisen könnte. Zu den primitiven Textfälschungen gehören das grobe Verändern ganzer Sätze, das Verdrehen von Aussagen in ihr Gegenteil durch Auslassungen oder Hinzufügungen, also der direkte Eingriff in den vorhandenen Text. Dieses Mittel ist bis heute modern geblieben, wie wir bereits gesehen haben. Obwohl die zahlreichen Veröffentlichungen der Werke von Marx, Engels und Lenin das Nachprüfen von Zitaten weit besser ermöglichen als in der Vergangenheit, spekulieren viele Marxologen offensichtlich darauf, daß ihnen einfach aufs Wort geglaubt wird, daß ihre Darstellung nicht kontrolliert wird, weshalb sie sich ja auch den Anstrich des seriösen Umgangs mit den Marxtexten geben. Man gewinnt den Eindruck, daß sie gute Erfahrungen damit gemacht haben, ein verfälschtes Zitat von Marx mit genauesten Angaben zu versehen; denn viele Leser scheinen angesichts des exakten Quellennachweises nicht zu glauben, daß sich dahinter eine manipulierte Aussage verbirgt.

Wenn auch die plumpe Textfälschung immer wieder vorkommt — bis hin zum Erfinden von Belegen aus irgendwelchen bisher nicht veröffentlichten Schriften —, so wird sie doch zurückgedrängt durch die etwas anspruchsvollere „Veränderung" des Textes mit einer geschickten Kürzung oder Auslassung sowie durch ein Zusammenstellen und Kombinieren von Aussagen. Hier kann sich der jeweilige Marxologe stets darauf berufen, daß er nicht „gefälscht" habe, daß die zitierten Sätze genauso bei Marx zu finden seien, daß nur einiges fehle — und das wird durch Punkte ja angemerkt — oder einige Aussagen näher zusammengerückt worden seien. Wie wir bei Löw gesehen haben, vermögen solche gekonnt manipulierten Zitate die eigentliche Marxsche Position bis ins Gegenteil zu verkehren.

Gerade dieser Umgang mit Marxschen Aussagen muß uns veranlassen, die zitierten Ansichten nicht einfach für bare Münze zu nehmen, sondern sie nachzuprüfen. Übrigens empfiehlt sich das nicht nur bei Marxkritikern, wo man Manipulierungen zu befürchten hat. Auch sonst sollte man nicht jeden Beleg bloß so lesen, wie er im Text steht, sondern ihn an seiner originalen Stelle aufspüren. Da entdeckt man oft interessante Beziehungen und Zusammenhänge, die das angeführte Zitat allein gar nicht offenbart. Auch in der marxistischen Literatur findet sich manchmal die Unsitte, eine Aussage mit einem halben oder einem Viertelzitat von Marx zu „belegen". Derart beschnittene Aussagen der Klassiker des Marxismus-Leninismus sind meist recht nichtssagend und erwecken den Verdacht, daß nur ein Autoritätsbeweis gesucht wurde. Viel wichtiger bleibt es, Marxsche Gedankengänge nachzuvollziehen — und das gelingt nicht mit drei oder vier Wörtern!

Hier könnte die Frage auftauchen, ob denn die in dieser Arbeit zitierten Marxkritiker nicht auch zu kurz kommen. Tatsächlich wurden die meisten hier erwähnten nicht in umfänglichen oder gar seitenweisen Passagen zitiert. Und das hat seinen guten Grund. Eine solche Vorstellung anderer, kritikwürdiger oder gegnerischer Ansichten erfolgt in der Regel nur dann, wenn der jeweilige Autor inhaltlich etwas zu sagen hat. Man blättere einmal unter diesem Gesichtspunkt den „Anti-Dühring" von Friedrich Engels durch und überzeuge sich davon, wie dort ganze Passagen der Gedankengänge von Eugen Karl Dühring (1833–1921) vorgestellt, zitiert werden, um mit ihnen zu streiten, sie gründlich zu analysieren und sie zu widerlegen. Das war erforderlich, weil der in Berlin als Privatdozent wirkende Dühring mit einem breitangelegten theoretischen System auftrat, das bei Teilen der Intelligenz, selbst bei solchen, die der Sozialdemokratie nahestanden, nicht ohne Einfluß blieb. Auch in Büchern von Marx und Lenin sowie von marxistischen Autoren der Gegenwart, die sich der Kritik bürgerlicher Theorien widmen, wird zumeist die zu untersuchende Ansicht original belegt, damit der Leser die Auseinandersetzung mit vollziehen kann.

In unserem Fall jedoch haben wir es ja — leider — nicht mit Autoren zu tun, die eine eigene Anschauung konstruktiv vortragen und mit wissenschaftlicher Argumentation zu begründen versuchen; es sind vielmehr Repräsentanten einer reaktionären Marxismuskritik, Wortführer der modernen Marxtöterei, die sich im *Anti*marxismus, im bloßen Verneinen erschöpfen. Sie bringen kaum etwas vor, wofür sie eintreten. Ihnen geht es allein um die Ablehnung, um die Abwehr der Ideen des Marxismus-Leninismus. Um das zu charakterisieren, so meine ich, reichen die verwendeten Belege aus. Sie geben ein klares Bild von den Antipositionen solcher Leute. Mehr — im positiven Sinn — haben diese dazu nicht zu sagen.

Die Fälschung am Text ist kein Kavaliersdelikt; es handelt sich immer um den Versuch, Marx eine Auffassung zu unterstellen, die er nicht hatte. Und der Leser soll falsch informiert werden, indem man ihm eine Ansicht als Marxsche Position vorführt, die gar keine ist.

Nun muß allerdings nicht jeder bürgerliche Theoretiker, Journalist oder Schriftsteller, der sich eines manipulierten Textes bedient, auch tatsächlich von der Fälschung wissen. Sehr häufig werden solche Texte einfach immer wieder zitiert, wiederholt, es werden über Jahre — und selbst Jahrzehnte — Bezüge hergestellt, so daß der Nutzer eines derartigen Zitats durchaus annehmen kann, er verwende einen originalen Marxschen Gedanken.

Beispielsweise macht der schon vor vielen Jahrzehnten nachlässig oder auch absichtlich ungenau zitierte Satz „Religion ist Opium für das Volk" die Runde und gilt als wichtiger Beleg für die atheistische Auffassung von Karl Marx, für sein Verständnis von Religion. Ganz selten findet man einmal einen bürgerlichen Theoretiker, der sich überzeugt, ob denn diese Aussage tatsächlich in dieser Form stimmt. Marx schreibt nämlich, daß die Religion Opium *des* Volks sei. Der Unterschied ist nicht allein sprachlich bedeutsam. Religion als Opium *für das* Volk enthält den Sinn, daß Religion etwas für das Volk Gemachtes, etwas ihm von anderen Gegebenes sei; man kann daraus schließen, daß Marx in der Religion vor allem eine Art geistige Manipulierung sehe. Eben solche einfache Erklärung beabsichtigt Karl Marx nicht. Bei ihm heißt es: „Das *religiöse* Elend ist in einem der *Ausdruck* des wirklichen Elendes und in einem die *Protestation* gegen das wirkliche Elend. Die Religion ist der Seufzer der bedrängten Kreatur, das Gemüt einer herzlosen Welt, wie sie der Geist geistloser Zustände ist. Sie ist das *Opium* des Volks."[62] Das ist eine viel umfassendere, tiefgründigere Ansicht von der Religion als die kurzschlüssige Bemerkung „Opium für das Volk". Sie geht jedoch verloren, wenn man immer wieder — und oft ohne darüber nachzudenken — eine fehlerhafte, einmal aufgekommene Formel wiederholt.

Gerade hier zeigt sich die besondere Funktion der Marxologen, also der Urheber solcher Manipulationen: Da sie als Autoritäten auf dem Gebiet der Beschäftigung mit Marx gelten, werden ihnen Zitate unbesehen — und eben nicht noch einmal kritisch überprüft — abgenommen und so durch immer mehr Kanäle verbreitet. Nicht selten geht dabei die eigentliche Quelle, aus der diese Fälschung wirklich stammt, verloren.

Natürlich bleibt die direkte Textfälschung stets eine unsichere Sache: Man kann dabei ertappt werden. Und in einer Zeit, da die seriöse Marxforschung auf einem hohen theoretischen Niveau arbeitet, da mit der Veröffentlichung der Marx-Engels-Gesamtausgabe (MEGA) sämtliche Schriften, Briefe, Konspekte, Notizen usw. von Marx und Engels erscheinen, vergrößert sich das Risiko der direkten Textmanipulatoren immer mehr.

Deshalb ist es nicht verwunderlich, daß neben der direkten Textfälschung in zunehmendem Maß eine andere Methode benutzt wird: die Fälschung der Ansichten von Marx durch eine *behauptende Deutung*, die *meist vulgärmarxistische Ansichten zugrunde legt*. Typisch für diese Methode sind solche Formulierungen wie „Marx hat bekanntlich die Meinung vertreten, daß ...", „Wie Marx gesagt hat...", „Der Marxismus geht dabei davon aus, daß ..." Was dann folgt, erscheint als Marxsche Ansicht, ohne es zu sein; dabei kann man nicht einmal von einer direkten Textfälschung sprechen, da ein direkter Text ja gar nicht vorkommt und also auch nicht belegt werden muß.

In einem langen Zeitungsartikel über das Verhältnis von Marx und Lenin heißt es beispielsweise ganz in diesem Sinn: „Marx beschränkte sich nicht darauf, die ökonomischen Verhältnisse zu berücksichtigen: er hypostasierte [überbetonte, übertrieb — E. F] sie, indem er sie zum entscheidenden Faktor erklärte und Ideen als ‚Schein' abwertete. So wurden die Menschen nichts anderes als *Wirtschaftsagenten*"[63]. Hier haben wir auf knappem Raum den gegen den Marxismus immer wieder erhobenen Vorwurf des „Ökonomismus", begründet mit vulgarisierten Ansichten von Marx.

In Wahrheit spricht Marx nicht allgemein von „ökonomischen Verhältnissen", sondern entwickelt die wissenschaftlich exakten Kategorien der Produktivkräfte und der Produktionsverhältnisse und deren dialektischer Beziehung in Gestalt der Produktionsweise; er ist kein Anhänger einer „Faktoren"theorie, wonach eine Gesellschaftsordnung durch eine Vielzahl verschiedener, teils mehr, teils weniger wichtiger Faktoren bedingt sei, sondern er begründet mit seiner Auffassung von der Basis und dem Überbau einer Gesellschaft die jeweilige konkrete Gestalt der zu untersuchenden Gesellschaftsformation.

Marx übertreibt auch nicht die Rolle der ökonomischen

Verhältnisse, indem er sie zum entscheidenden Faktor erhebt. Marx und Engels setzten sich immer wieder mit dieser Unterstellung auseinander. „Nach materialistischer Geschichtsauffassung ist das *in letzter Instanz* bestimmende Moment in der Geschichte die Produktion und Reproduktion des wirklichen Lebens. Mehr hat weder Marx noch ich je behauptet. Wenn nun jemand das dahin verdreht, das ökonomische Moment sei das *einzig* bestimmende, so verwandelt er jenen Satz in eine nichtssagende, abstrakte, absurde Phrase." Und Friedrich Engels erläutert dann, wie auf der Basis — der ökonomischen Lage — der Gesellschaft die verschiedenen Momente des Überbaus aktiv wirken — im politischen Kampf, in den Rechtsbeziehungen, aber auch in den Theorien und Anschauungen. Hier kann keine Rede davon sein, daß die Ideen als „Schein" abgewertet werden. „Es ist eine Wechselwirkung aller dieser Momente, worin schließlich durch alle die unendliche Menge von Zufälligkeiten ... als Notwendiges die ökonomische Bewegung sich durchsetzt. Sonst" — so betont Engels dieses Herangehen — „wäre die Anwendung der Theorie auf eine beliebige Geschichtsperiode ja leichter als die Lösung einer einfachen Gleichung ersten Grades."[64]

Und auch mit dem Vorwurf, daß die Menschen in der Marxschen Ansicht bloße „Wirtschaftsagenten" seien, setzte sich Engels bereits auseinander. Daß das jeweilige geschichtliche Ergebnis einer Entwicklung als Produkt einer „als Ganzes, *bewußtlos* und willenlos wirkenden Macht angesehen werden kann", weil nicht das herauskommt, was jeder einzelne will, darf nicht zu der Schlußfolgerung führen, daß die einzelnen Willen, die Wirkungen eines jeden unbedeutend oder gleich Null seien. „Im Gegenteil, jeder trägt zur Resultante bei und ist insofern in ihr einbegriffen."[65]

Die Methode, den Marxismus derart zu vereinfachen und zu verballhornen, bis er als Vulgärmarxismus falsch wird, und sich dann damit auseinanderzusetzen, ist also ein alter Trick der Marxkritiker. Wenn jemand von Marx behauptet, daß dieser „meinte" oder „annahm" oder „dachte", ohne daß der originale Gedanke zitiert wird, sollte man deshalb stets mißtrauisch nachfragen: Wo steht das? In welchem Zusammenhang wurde das gesagt? Ist es der ganze Gedanke oder nur ein Stück davon?

Mit dieser Methode des Fälschens eng verbunden ist der *Autoritätsbeweis*. Da führt man eine Marxsche Position — mehr oder weniger richtig — vor, um dann schlicht und einfach darauf zu verweisen, daß sie schon lange widerlegt sei — weshalb man das nicht noch einmal zu tun brauche.

Häufig wird die materialistische Dialektik angegriffen, mit der sich angeblich alles beweisen ließe, die keine wissenschaftliche Sicht darstelle, sondern einen „Fallstrick" des logischen Denkens. Dabei bezieht man sich gerne auf Eduard Bernstein. Bald nach Engels' Tod im Jahr 1895 wandte sich Bernstein kritisch gerade gegen die Dialektik im Marxschen Konzept. Er lehnte sie ab, ja, er bekämpfte sie, ohne ihre wichtigsten Inhalte — die Entwicklung vom Niederen zum Höheren, den Umschlag von quantitativer Entwicklung in neue Qualitäten und ähnliche gesetzmäßige Prozesse in Natur und Gesellschaft — zu begreifen. So konnte er natürlich auch keine Widerlegung zur Dialektik von Marx entwickeln. Doch man beruft sich auf ihn als eine Autorität in der Geschichte des Marxismus in einer solchen Weise, daß jeder, der diese Geschichte nicht etwas genauer kennt, annehmen muß, von Bernstein sei die materialistische Dialektik theoretisch widerlegt und vernichtet worden.

Ganz im Sinn einer solchen Fälschermethode heißt es auch in einer Arbeit zum Thema „Umweltzerstörung und Ideologie": „Schon früh und überzeugend wurde immer wieder dargelegt, daß Marx das Wesen der Technik gar nicht verstanden hatte und er von einem falschen Menschenbild ausging."[66] Damit erübrigt sich dann natürlich eine eigene Polemik.

Die gegenwärtige konservative Marxkritik fälscht die Ansichten von Marx also in verschiedener Art und Weise: durch die direkte Manipulation am Text, durch falsche Deutungen des Inhalts, durch nicht bewiesene Behauptungen, durch die unzulässige Vereinfachung von marxistischen Positionen. Stets geht es um eine massive Kritik mit dem Ziel der totalen Ablehnung von Marx und seiner Lehre. Blickt man in die Werkstatt der konservativen Marxfälscher, so läßt sich bei aller Vielfalt der Mittel und Methoden doch auch die geringe Argumentationskraft, die Inhaltsleere, die stereotype Wiederholung von Lügen und Verzerrungen erkennen.

Der unerfüllbare Wunsch jedes Marxkritikers: die Ausweisung von Marx nicht nur aus einem Land – wie hier 1848 aus Belgien –, sondern aus den Köpfen der Menschen

In welchem Umfang und mit welcher Intensität solche Fälschungen eingesetzt werden, hängt natürlich nicht vom Willen und Wunsch der Marxkritiker ab. Dazu gehört ein gesellschaftliches Klima, in dem Unterstellungen, Diffamierungen und Beschimpfungen willkommen sind. Zu Beginn der achtziger Jahre war mit der verschärften ideologischen Auseinandersetzung zwischen den Kräften der Konfrontation einerseits und der Verständigung und des Friedens andererseits, mit dem Rechtsruck in vielen kapitalistischen Ländern, mit einem militanten Antikommunismus auch die konservative Marxkritik im Vormarsch. So konnte ein echter Marxtöter 1983 ungeniert in einer Tageszeitung Westberlins folgenden Unsinn von sich geben: „In seiner Theorie stimmt nichts. Er hatte weder vom ‚Kapital' Ahnung oder gar Anschauung — er kannte kein Unternehmen, lebte selbst auf Pump — noch von der ‚Arbeit' — er war ein Chaot, der nur ein Chaos hinterließ."[67] Heute, am Ende der achtziger Jahre, wäre es schon schwieriger, solchen Text unterzubringen. Nicht daß sich die Gesinnung der Marxtöter geändert hätte — aber das politische und damit ebenfalls das ideologische Klima hat sich, wenngleich nur schrittweise, entspannt; der offene, militante und primitive Antimarxismus muß kürzer treten.

Folglich werden das Wirken und auch die Wirkungen solcher konservativen Marxkritik in erster Linie vom Kräfteverhältnis in der Welt und in jedem einzelnen Land bestimmt. Dies wiederum macht sichtbar, daß die Offensive der Ideen des Marxismus-Leninismus, die Wirkung wichtiger Einsichten von Marx, Engels und Lenin über Grundfragen der Gegenwart von unserer eigenen Aktivität, von unserer Arbeit, unserem demokratischen Engagement, unserer ideologischen Tätigkeit abhängen.

Der Blick in die Fälscherwerkstatt hat uns gezeigt, wie ein falscher Marxismus gemacht werden kann; für uns selbst ist damit die geistige Herausforderung verbunden, den richtigen, den originalen Marxismus-Leninismus nicht nur zu verteidigen, sondern so offensiv zu propagieren, daß Fälschungen immer weniger Chancen eines Wirkens und einer Wirkung haben.

Murkseleien am Marxismus

Die eine Klasse sieht in Marx den öffentlichen Feind Nummer eins — die andere in ihm ihren großen Befreier, der ihr die Waffen für den Klassenkampf wie für Freiheit in die Hand gab.

Gus Hall, 1983

Eine gefährliche Lüge

In den letzten Jahren haben die Kräfte der Vernunft und des Friedens weiter an Einfluß gewonnen; eine neue Haltung zur Abrüstung und zur gemeinsamen Sicherheit beginnt sich durchzusetzen; ein neues Denken in den außenpolitischen Beziehungen orientiert auf verantwortungsbewußtes Handeln im Interesse eines dauerhaften Friedens der Menschheit. In diesem Prozeß spielen die Friedensoffensive der sozialistischen Länder, die wirkungsvollen Abrüstungsvorschläge insbesondere bei den Nuklearwaffen sowie die erzielten Abkommen eine große Rolle. Immer mehr Menschen gelangen zu der Einsicht, daß Frieden und Sozialismus eine Einheit bilden, daß der Sozialismus ein Lebensinteresse an einem dauerhaften Frieden besitzt und daß es im Sozialismus keine gesellschaftlichen Kräfte gibt, für die ein Krieg wünschenswert sein könnte. Das hat zur Folge, daß die antikommunistische Lüge von der „Bedrohung aus dem Osten" immer weniger Menschen in Angst

94

versetzt, daß die Wirkung dieser friedensgefährdenden antikommunistischen Doktrin nachzulassen beginnt.

„In der Welt von heute kann die Menschheit nur gemeinsam leben oder gemeinsam untergehen. Sicherheit kann nur Sicherheit für alle sein. Darin besteht die einfache, unerbittliche Wahrheit dieser Zeit. Verantwortungsbewußte Politik hat sich an dem Prüfstein zu bewähren, ob und in welchem Maße sie dazu beiträgt, den Völkern ein friedliches Dasein zu garantieren."[1] Diese klare Haltung, wie sie in den Worten von Erich Honecker zum Ausdruck kommt, paßt nicht in das Bild vom angeblich friedensbedrohenden Sozialismus. Und die vielen Aktivitäten der sozialistischen Staaten, darunter auch der DDR, kann man schlecht als Theater oder Heuchelei ausgeben. Die humanistischen Friedensideen, die im Sozialismus vertreten werden, und die aktive praktische Friedenspolitik der sozialistischen Staaten bilden eine feste und wirkungsvolle Einheit.

Natürlich paßt es den Kräften der Konfrontation und der Hochrüstung nicht in ihr Konzept, daß die Friedensbereitschaft des Sozialismus einen so starken Eindruck in der Welt hinterläßt. Sie geben sich nicht geschlagen, sondern bemühen sich mit noch mehr Eifer, die alte Bedrohungslüge aufrechtzuerhalten. Bei allen Erfolgen der weltweiten Friedensbewegung darf diese Aktivität der reaktionären Kreise des Imperialismus nicht übersehen werden. „Es wäre unverantwortlich von unserer Seite", erklärte Michail Gorbatschow 1987 in Murmansk, „die Kräfte zu unterschätzen, die sich den Veränderungen widersetzen – einflußreiche Kräfte, die vom Haß gegen alles Fortschrittliche geblendet und sehr aggressiv sind. Sie gibt es in verschiedenen Kreisen der westlichen Welt, doch am stärksten konzentriert sind sie in jenen Kreisen, die den militärisch-industriellen Komplex unmittelbar ideologisch und politisch betreuen und sich von ihm nähren."[2]

Diese Kräfte nutzen alle nur möglichen antikommunistischen Unterstellungen, mit denen sie hoffen, Einfluß auf das Denken der Menschen zu gewinnen. Ein Argument innerhalb der Bedrohungslüge, das sich theoretisch gibt, bezieht sich auf den Marxismus-Leninismus. Es wird nämlich die ungeheuerliche Behauptung aufgestellt, die Weltanschauung der Arbeiterklasse sei ihrem Wesen nach eine aggressive Lehre, ja eine direkte Kriegstheorie: „Es ist keine Übertreibung, wenn man sagt, der Marxismus-Leninismus ist eine *Kriegstheorie*."[3]

Woher nehmen bürgerliche Marxkritiker die Unverschämtheit, derart über den Marxismus-Leninismus zu urteilen? Welches sind ihre „Beweise" und „Argumente" für solche Behauptung? Ist es überhaupt ohne plumpe Fälschung möglich, den Marxismus-Leninismus als eine „Kriegstheorie" zu denunzieren?

Bei dieser infamen Lüge über den Marxismus-Leninismus finden wir all jene Mittel und Methoden der Fälschung und Entstellung wieder, welche wir bisher bei den Marxkritikern entdeckt haben.

Das beginnt mit dem Angriff auf die Persönlichkeit von Marx. Bereits in der „Psychographie" von Arnold Künzli aus dem Jahr 1966, einer Arbeit, die von allen Marxkritikern, besonders aber von den militanten Marxtötern bis heute benutzt und als Autorität angeführt wird, erscheint Marx nach einer „Psychoanalyse" als ein Denker der Macht, der Gewalt und des Krieges. „Allein der unbändige Destruktionsdrang, der in Marx von seiner Jugend an mächtig war, sein ausgeprägter Wille zur Macht, seine dämonische Haßbereitschaft, seine Tendenz zur Verdrängung, seine Unfähigkeit zum Kompromiß und vieles andere prädestinierten ihn psychisch dazu, ein Theoretiker der Gewalt zu werden."[4]

Ähnliche Behauptungen kann man über Engels, vor allem aber auch über Lenin finden. Es handelt sich um den Versuch, von bestimmten Persönlichkeitsmerkmalen, die zumeist einfach erfunden oder aus Aussagen der Gegner von Marx, Engels und Lenin abgeleitet werden, auf die marxistische Theorie zu schließen. Je besser es den Marxologen gelingt, ihr Märchen von neurotischen Zügen bei Marx oder Lenin zu verbreiten, desto einfacher haben sie es in der Kritik des Marxismus-Leninismus: Er ist dann die Ausgeburt krankhafter, von Haß bestimmter Motive — und nicht das Ergebnis einer nüchternen wissenschaftlichen Forschung zu den Klasseninteressen der Arbeiterklasse, zu den Lebensinteressen der Menschen. Auf den primitivsten Nenner gebracht, heißt diese Lüge der Marxfälscher: Der Marxismus-Leninismus als Macht-, Gewalt- und Kriegstheorie ergibt sich aus den — schon pathologischen — Machtbestrebungen seiner Begründer.

96

Nun ist es natürlich nicht so ganz einfach, das zutiefst humanistische Grundanliegen von Marx, das in seinen Einsichten über die historische Mission der Arbeiterklasse und deren Verwirklichung zum Ausdruck kommt, ins Gegenteil zu verkehren. Allein die Erfindung irgendwelcher psychisch bedingter „Machtgelüste" reicht da nicht aus. Wie kann man aber die Behauptung stützen, daß Marx „Terror und blutige Rache" fordere?

Bei Konrad Löw, dessen „ehrenwörtlich richtige" Darstellung wir schon mehrfach genossen haben, muß eine der klarsten – und auch meistzitierten – Aussagen von Marx dafür herhalten. So verweist er auf folgenden Text: „Die Waffe der Kritik kann allerdings die Kritik der Waffen nicht ersetzen, die materielle Gewalt muß gestürzt werden durch materielle Gewalt..." Dazu meint Löw, daß Marx hier in einer seiner ersten Veröffentlichungen bereits die Meinung vertrete, „daß Worte allein nicht genügen. Die Waffen müssen sprechen."[5] Um diese Schlußfolgerung ziehen zu können, hat er genau an der Stelle aufgehört zu zitieren, wo deutlich wird, daß Marx eben das Gegenteil von dem meint, was Löw hineininterpretiert. Es heißt nämlich weiter: „...allein auch die Theorie wird zur materiellen Gewalt, sobald sie die Massen ergreift."[6]

Marx geht es hier gerade darum, daß und unter welchen Bedingungen Ideen die Menschen zu revolutionärem Handeln bewegen. Die damit verbundene Feststellung, daß allein die theoretische Kritik bestehende gesellschaftliche Verhältnisse nicht stürzen kann, daß es dazu der materiellen Gewalt – also der revolutionären Tat – bedarf, hat die Geschichte, vor allem die der Revolutionen, nachdrücklich bewiesen. Die bürgerliche Französische Revolution von 1789 wurde vorbereitet und getragen durch kühne Ideen der Aufklärer, der Philosophen vom Format eines Voltaire und Rousseau, eines Helvetius und Diderot; aber zur geschichtlichen Tat wurde sie durch das Handeln der verschiedenen Klassen und Schichten. Aus diesen Auffassungen von Marx den Ruf nach „Waffen" herauszuhören ist bereits eine fehlerhafte Ausdeutung.

Karl Marx und Friedrich Engels haben eine gründliche Analyse der Gewalt in der Geschichte vorgenommen. Auf der Grundlage dieser Einsichten und in Übereinstimmung mit ihren Auffassungen von der revolutionären Umgestaltung der Gesellschaft im Interesse der Arbeiterklasse durch die Überwindung des Kapitalismus entwickelten sie ihre Anschauung von der Rolle der Gewalt im gesellschaftlichen Prozeß. Sie hoben hervor, daß Gewalt stets auf einer bestimmten gesellschaftlichen Funktion beruht, daß es also keine Gewalt an sich, neben oder außerhalb der gesellschaftlichen Bedingungen und Verhältnisse gibt. Außerdem wiesen sie darauf hin, daß Gewalt sowohl in Richtung der gesetzmäßigen ökonomischen Entwicklung zu wirken vermag – in diesem Sinn schreibt Marx bei der Einschätzung des Übergangs vom Feudalismus zum Kapitalismus: „Die Gewalt ist der Geburtshelfer jeder alten Gesellschaft, die mit einer neuen schwanger geht"[7] – als auch gegen den Fortschritt eingesetzt werden kann.

Lenin knüpfte an diese Einsichten an und verband sie mit den Erfordernissen der proletarischen Revolution unter den Bedingungen des Imperialismus. Hierbei ging er davon aus, daß das russische Proletariat ohne revolutionäre Gewalt nicht siegreich gewesen wäre. Gleichzeitig wandte er sich jedoch gegen die Unterstellung der Feinde der Revolution, die die Meinung verbreiteten, die Gewalt sei der wichtigste Wesenszug der sozialistischen Revolution. Es könne kein Zweifel bestehen, so Lenin, „daß die revolutionäre Gewalt nur in bestimmten Entwicklungsetappen der Revolution, nur unter bestimmten und besonderen Bedingungen eine notwendige und gesetzmäßige Methode der Revolution war, während die Organisation der proletarischen Massen, die Organisation der Werktätigen ein viel wesentlicheres, ständiges Merkmal dieser Revolution und Voraussetzung ihrer Siege war und bleibt"[8].

Angesichts dieser eindeutigen Position zur Rolle der Gewalt in der gesellschaftlichen Entwicklung, wie sie bei den Klassikern des Marxismus-Leninismus ausgearbeitet vorliegt und wie sie heute als theoretische Grundlage für ein neues Denken in den außenpolitischen Beziehungen wirkt, ist der Vorwurf, Marx verherrliche die Gewalt, eine glatte Unterstellung.

Aber es kommt noch besser. In dem Bemühen, den Gewaltdenker Marx zu charakterisieren, greift Löw auf zeitgenössische Polizeiberichte zurück, in denen Karl Marx und seine politischen Freunde durch Spitzel denunziert werden, den „Königsmord" und anderen „abscheulichen

Acta

des

Königlichen Polizei-Präsidii

zu Berlin,

betreffend

die Broschüre „Das Kapital" Kritik der politischen Ökonomie

Geheimes Staatsarchiv.

Pr Br Rep 30. Preußen   1872
C Polizei-Präsidium
Tit. 94 Sect 3

Specialia.

Press-Polizei-Sachen.

744.

Polizeiakte zum „Kapital" von Karl Marx

Unsinn" zu fordern. Scheinheilig meint er dann, Marx habe zwar nie etwas geschrieben, was zum Attentat auffordere, aber „er fühlt sich unter den Sympathisanten der Königsmörder heimisch, ist wohl selbst ein Sympathisant, wenn nicht gar ein Anstifter, *wie der Polizeibericht vermuten läßt*"[9].

Eigentlich könnte man hier mit jeder Polemik aufhören; denn ein solches Vorgehen verurteilt sich selbst. Die politische Gesinnung und theoretische Position eines revolutionären, fortschrittlichen Denkers aus den Polizeiakten einer zutiefst reaktionären, auf Gesinnungsschnüffelei ausgerichteten politischen Polizei abzuleiten kann nur bedeuten, daß sich der Autor die Anschauungen dieser Polizei zu eigen macht. Es ist dann nur noch ein Schritt bis zur ideologischen Bewertung beispielsweise der antifaschistischen Kämpfer nach den Kriterien der Gestapo und des faschistischen Volksgerichtshofs. Wer sich mit Marx und dem Marxismus befaßt, weiß natürlich um die Praktiken der preußischen ebenso wie anderer Polizeikräfte gegen Marx, gegen die revolutionären Arbeiter, gegen die Internationale. Die Dokumente zum Kommunistenprozeß, auch die Aussagen der geheimen Zuträger, Spitzel und falschen Zeugen, sind bereits von Marx in seinen „Enthüllungen über den Kommunisten-Prozeß zu Köln" 1853 aufgedeckt worden. Wer solches Material gegen Marx verwendet, hat seine Position im Streit um den Marxismus deutlich markiert!

Das krampfhafte Bemühen der konservativ orientierten Marxkritik, dem Marxismus Gewalt-, Macht- und Kriegsdenken zu unterstellen, wird heute geschickt mit der Auseinandersetzung um den Terrorismus verbunden. Marx, Engels und Lenin erscheinen dabei als theoretische Begründer, als geistige Väter des heutigen Terrorismus, der total verzerrt als Angelegenheit irgendwelcher linker Kräfte bezeichnet wird. „Von Marx und Lenin führt eine Linie zum linksradikalen Terrorismus, der seit einigen Jahren die demokratisch-liberalen Staaten Europas heimsucht"[10], behauptete der konservative Publizist Gerd-Klaus Kaltenbrunner bereits am Ende der siebziger Jahre. Und in einer Untersuchung des konservativen Philosophen Günter Rohrmoser, die dieser im Auftrag staatlicher Stellen in Bonn zum geistigen Hintergrund des Terrorismus vornahm, heißt es ebenso eindeutig: „Genuin [von der Abstammung her – E. F.] marxistisch ist der westdeutsche Terrorismus, weil er sich einer Struktur einfügen läßt, die in dieser Weise typisch ist für ein Denken, das man am reinsten in marxistischen Theoriekonzepten antreffen kann."[11]

Die Absicht solcher Unterstellungen ist klar: Indem der Marxismus zur geistigen Quelle des Terrorismus gemacht wird, indem Marx als Initiator von Morden und Banküberfällen, von Entführungen und Erpressungen erscheint, will man erreichen, daß sich die weltweite Ablehnung des Terrorismus auf den Marxismus ausdehnt.

Dabei gehen die Autoren mit Stillschweigen darüber hinweg, daß der Marxismus von Beginn an eine klare Haltung zum Terrorismus entwickelt hat. In den Auseinandersetzungen mit einem Abenteurertum der noch unreifen politischen Bewegung und mit dem Einfluß des Anarchismus von Michail Bakunin (1814—1876) und seinen Anhängern findet man sie bereits bei Marx und Engels ausgearbeitet — sowohl für die theoretische Position als auch für den praktischen politischen Kampf. Lenin mußte sich sehr persönlich mit dem individuellen Terror seiner Zeit in Rußland befassen und dazu Stellung beziehen, war doch sein Bruder Anhänger einer solchen Kampfform und wurde dafür hingerichtet. In der Folge hat die revolutionäre Arbeiterbewegung immer wieder Gelegenheit gehabt — zumeist erzwungenermaßen —, sich mit dem Terror kritisch auseinanderzusetzen. Erinnert sei nur an die von Emil Max Hödel (1857—1878) und Karl Eduard Nobiling (1848—1878) im Mai und Juni 1878 verübten Attentate auf Kaiser Wilhelm I. (1797—1888), die der unmittelbare — und sehr willkommene — Anlaß dafür waren, die Arbeiterpartei durch das Ausnahmegesetz „gegen die gemeingefährlichen Bestrebungen der Sozialdemokratie" für zwölf Jahre zu verbieten. Der Terrorismusvorwurf wurde von dem Faschismus, dem bisher tatsächlich terroristischsten imperialistischen Staatssystem, gegen die kommunistische Bewegung erhoben, und heute versuchen Militärdiktatoren wie Augusto Pinochet, den Kommunisten und Sozialisten Terrorismus zu unterstellen.

Der Marxismus-Leninismus geht bei der nüchternen Analyse des Terrorismus stets von den historisch-konkreten Bedingungen, den beteiligten Klassenkräften, den realen Zielen und Interessen aus und bewertet ihn von daher als eine Kampfform bestimmter gesellschaftlicher Kräfte, die prinzipiell für die revolutionäre Arbeiterbewegung abzulehnen ist. Wenn also Löw jene Abenteurer für die „besseren Marxisten" hält, welche die neue Gesellschaft „her-

Wie hier im Hochverratsprozeß von 1872 gegen August Bebel, Wilhelm Liebknecht und Adolf Hepner wurde stets versucht, der Arbeiterbewegung Landesverrat und Terror, Attentate und Verbrechen anzulasten.

beibomben wollen", weil die wirklichen Triebkräfte der Geschichte nach seiner Meinung versagen,[12] dann offenbart er auch in dieser Frage nicht nur eine erschreckende Unkenntnis, sondern wiederum seine entwickelte Fähigkeit zur politischen Denunziation.

Alle diese Attacken und Unterstellungen, Lügen und Fälschungen erwecken durch ihre meist äußerst primitive Argumentation den Eindruck, daß sie wohl keinen großen Schaden anrichten könnten. Aber dieser Eindruck täuscht, weil man dabei nicht beachtet, daß bestimmte antikommunistische Klischeevorstellungen tief im Bewußtsein vieler Menschen verwurzelt sind, an die sich solche Marxismusfälscher sehr direkt wenden.

> Die Anstrengungen, aus dem Marxismus eine „Kriegstheorie" zu machen, dienen ja eben dem einzigen Zweck, die Lüge von der Bedrohung aus dem Osten „theoretisch" zu untermauern.

Wer aber den Fälschern auf den Leim geht, ist in seiner Aktivität für den Frieden eingeengt. Menschen, die die antikommunistische Bedrohungslüge nicht durchschauen, sehen im Sozialismus nicht einen Garanten des Friedens, auch keinen Bündnispartner für die Friedensbewegung, sondern nur den potentiellen Aggressor. Damit wird die aktive sozialistische Friedenspolitik dann in ihr Gegenteil verkehrt: Sie erscheint als Heuchelei, als Verhüllung aggressiver Bestrebungen. Eben in diese Richtung zielen alle Anstrengungen der imperialistischen Ideologen, die so die Ausstrahlungskraft der sozialistischen Friedenspolitik und der Friedensideen des Sozialismus abblocken wollen. „Die Friedensphrase ist", hieß es 1987 in einer Zeitung Westberlins, „der älteste Propagandatrick kommunistischer Politik. Er begann mit Lenins ‚Dekret über den Frieden' im Jahre 1917 und endete mit der Formel von der ‚friedlichen Koexistenz' der Systeme."[13]

Unbelehrbare antikommunistische Kräfte werden sicher auch nach Abrüstungsverträgen und nach der Vernichtung ganzer Waffensysteme von „kommunistischen Tricks" sprechen; für sie gilt ganz offensichtlich ein sicherer Frieden in der Welt als schlimmste Heuchelei. Über solche Verdrehungen der Wirklichkeit würde es nicht lohnen zu diskutieren, wenn sie nicht immer wieder zu Ängsten, zu antikommunistischer Hysterie, zu Mißtrauen in die Friedenspolitik des Sozialismus beitrügen.

Der Marxismus-Leninismus ist natürlich weder eine Kriegstheorie noch eine „Macht- und Gewaltlehre", wie seine Gegner böswillig behaupten. Das Wichtigste am Marxismus-Leninismus ist bekanntlich die wissenschaftliche Begründung der historischen Mission der Arbeiterklasse, die darin besteht, eine neue, klassenlose Gesellschaft zu errichten und mit der Überwindung des Klassenantagonismus auch die entscheidende Wurzel aggressiver Handlungen und Kriege zu beseitigen. Das ist das zutiefst humanistische Anliegen der Lehre von Marx, Engels und Lenin. Zugleich weist der Marxismus-Leninismus die Wege zu diesem Ziel, bestimmt die Klassenkräfte, die dafür zu gewinnen sind oder die sich ihm entgegenstellen, untersucht die Klassenkampfbedingungen und entwirft die strategischen Konzeptionen für die verschiedenen Etappen. Dabei wird auch die Rolle der Gewalt in der bisherigen Geschichte und im Klassenkampf zwischen Bourgeoisie und Proletariat nüchtern analysiert. Der Marxismus-Leninismus verherrlicht weder Macht und Gewalt, noch unterschätzt er diese Faktoren in der ökonomischen und politischen Auseinandersetzung zwischen den Klassen.

Zum Wesen von Kriegen, vor allem unter den Bedingungen des Imperialismus, hat der Marxismus-Leninismus ebenfalls eine klare wissenschaftliche Position, in der die Ursachen, die von den beteiligten Kräften verfolgten Ziele, aber auch die Wege zur Verhinderung von Kriegen einen wichtigen Platz einnehmen.

Gerade in den letzten Jahren, unter dem Eindruck der wachsenden Gefahr eines nuklearen Infernos und einer Vernichtung der Menschheit durch kriegerische Abenteuer, haben die Kommunisten enorme Anstrengungen gemacht, um eine den neuen Erfordernissen entsprechende Konzeption über die Verhinderung von Kriegen und konstruktive Wege zur Friedenssicherung zu entwickeln und durchzusetzen. Heute, da sich im Ringen um die Sicherung des Friedens und um die Stärkung des Sozialismus Entwicklungsprozesse von wahrhaft historischer Dimension vollziehen, gibt es für den Sozialismus und seine wissenschaftliche Theorie nichts Wichtigeres als die Bewahrung und Festigung des Friedens. Für die Deutsche Demokratische Republik erklärte Erich Honecker, daß „wir die Sicherung des Friedens zur Staatsdoktrin"[14] erhoben haben.

In seinen wissenschaftlichen Bestimmungen zu Krieg und Frieden unter den gegenwärtigen Bedingungen geht der Marxismus-Leninismus davon aus, daß die Quelle von Kriegen, die Ursachen für militaristische Entwicklungen im Innern des Imperialismus liegen, in der ihm eigenen Aggressivität. Daran hat sich auch heute nichts geändert, wie die massiven Aktivitäten des militärisch-industriellen Komplexes beweisen. Dieser Begriff stammt übrigens von dem ehemaligen General und späteren Präsidenten der USA, Dwight D. Eisenhower (1890–1969). Gegen Ende seiner politischen Laufbahn machte er nachdrücklich auf die immer enger werdende Verbindung der militärischen Führungskräfte, vor allem des USA-Verteidigungsministeriums, des Pentagons — das seinen Namen nach dem fünfeckigen Gebäudegrundriß erhielt und dessen Sachvermögen auf etwa 180 Milliarden Dollar geschätzt wird –, und wichtiger Monopole, die sich in der Rüstungsindustrie engagiert hatten, aufmerksam. Er wies darauf hin, daß dieser Militär-Industrie-Komplex gewaltige ökonomische und politische Potenzen besitzt und entscheidenden Einfluß auf die Innen- und Außenpolitik des Landes nehmen kann.

In der Gegenwart ist festzustellen, daß die mit diesem Komplex verbundenen Gruppierungen, das Pentagon, die NATO-Führung, die Rüstungsunternehmen, die Lobby dieser Monopole, das heißt die Politiker und Ideologen, die die Interessen des Rüstungsgeschäfts vertreten, alles daransetzen, den Kurs der Entspannung, Abrüstung und Sicherung des Friedens zu hemmen oder gar zu stoppen. „Die Militärdoktrin der NATO, wie sie auch von ihrem neuen Generalsekretär Manfred Wörner vertreten wird, hat einen aggressiven Charakter und beruht auf militärpolitischen Ansichten, die den Krieg nach wie vor als Mittel zur Durchsetzung ihrer politischen Ziele betrachten. Ihr Hauptziel besteht weiterhin darin, koste es, was es wolle, entscheidende militärstrategische Überlegenheit zu erringen, um den Staaten des Warschauer Vertrages ihren Willen aufzwingen zu können"[15], schätzte Erich Honecker am Ende des Jahres 1987 ein.

Doch es gibt heute die reale Möglichkeit, die Aggressivität des Imperialismus zu bändigen. Die Kräfte, die das bewirken können, stammen aus verschiedenen Lagern und Bewegungen, haben auch recht unterschiedliche Motive, kommen sich aber in ihren Anstrengungen *für* die Sicherung des Friedens und *gegen* Konfrontationspolitik und Rüstungswettlauf sehr nahe. Zuerst muß hier der Sozialismus genannt werden, der unter großen ökonomischen und politischen Anstrengungen ein militärstrategisches Gleichgewicht erreicht hat und eine aktive Friedenspolitik betreibt. Weiterhin hat sich in allen Teilen der Welt eine gewaltige Friedensbewegung entwickelt, die Millionen Menschen mobilisiert. Schließlich existieren innerhalb der Bourgeoisie einflußreiche Kräfte, die sich gegen den abenteuerlichen Kurs des militärisch-industriellen Komplexes wenden und vor einer Selbstvernichtung warnen.

So wirken vielfältige Bewegungen einer menschheitsgefährdenden Konfrontation und Rüstungsspirale entgegen. Wie das Abkommen über die Vernichtung der Mittelstrekkenraketen zwischen den USA und der UdSSR aus dem Jahr 1987 zeigt, sind reale Schritte auf dem Weg der Stabilisierung des Friedens durchaus möglich. Die gewaltigen Anstrengungen, die bis zu diesem Vertrag notwendig waren, aber auch die Widerstände und die Versuche, ihn zu unterlaufen, weisen darauf hin, welche Dimensionen die weltweite Auseinandersetzung um den Frieden besitzt. Mit aller Deutlichkeit zeigt sich: *„Es handelt sich also darum, daß der Imperialismus friedensfähig gemacht werden muß, nicht, daß er von Natur aus friedfertig ist."*[16]

Von derartigen Positionen aus können die am Frieden interessierten Kräfte optimistisch ihre Ziele verfolgen, ihn immer sicherer zu machen, eine konkrete Abrüstung durchzusetzen, vertrauensbildende Maßnahmen zu entwikkeln, über die diplomatische Tätigkeit und den Handel, über stabile Wirtschaftsbeziehungen und Kulturaustausch, über sportliche Wettstreite und vielfältige geistige Beziehungen den Einfluß und die Gemeinsamkeiten der Friedensbewegung in allen Teilen der Welt zu stärken. Gleichzeitig läßt sich auf dieser Basis auch eine notwendige ideologische Auseinandersetzung führen, um immer genauere Einsichten in die Zusammenhänge von Imperialismus und Aggressivität, von Sozialismus und Frieden zu gewinnen und zu vermitteln und antikommunistische Vorbehalte bei den verschiedenen Friedenskräften zurückzudrängen.

In solchen Prozessen tritt der Marxismus-Leninismus als produktive, an den Lebensinteressen der Menschen orientierte Weltanschauung hervor. Militante und primitiv-antikommunistische Verleumdungsfeldzüge gegen ihn disqualifizieren sich immer offensichtlicher. Gesellschaftliche Kräfte, die sich im Friedenskampf engagieren und durchaus keine Beziehungen zum Marxismus-Leninismus haben, ihn aus verschiedenen Gründen sogar ablehnen, verteidigen ihn jedoch gegen derartige Attacken. Insofern kann man ohne Übertreibung feststellen, daß mit der sozialistischen Friedensoffensive und ihrem wachsenden Einfluß, mit den Erfolgen sozialistischer Friedenspolitik auch die Ausstrahlung und Anziehungskraft des Marxismus-Leninismus zunimmt und daß es die militanten Marxologen gerade in dieser zentralen Frage der Friedenssicherung immer schwerer haben, ihre antikommunistischen Unterstellungen an den Mann zu bringen.

Eine dumme Lüge

Der immer wieder totgesagte Marxismus hat bereits viele Generationen von Marxtötern überlebt. Verfolgt man einmal die verschiedenen Voraussagen über das Schicksal des Marxismus-Leninismus, so war die Prognose vom alsbaldigen „Ende" eigentlich stets dabei. Als eine historische Erfahrung läßt sich jedoch feststellen, daß in dem Maß, wie der Einfluß des Marxismus-Leninismus in der Welt gewachsen ist, wie er zur gesellschaftlichen Praxis in den Ländern des Sozialismus wurde, die Verkündungen seines „Untergangs", seines „Endes" eher zu- als abgenommen haben. Es existieren bereits ganze Theorien für die Erklärung einer solchen paradoxen Situation: man hat das „Altern" von Weltanschauungen entdeckt — natürlich am Marxismus — und behauptet beispielsweise, daß der Marxismus seine Jugend und Reife längst hinter sich habe, daß er nunmehr am „Absterben" sei und nur noch „künstlich" am Leben erhalten werden könne.

Welche Argumente führen die bürgerlichen Marxkritiker ins Feld, um solche Behauptungen zu stützen? Wie kann man denn die reale Wirkung des Marxismus wegreden?

Auf der Internationalen Wissenschaftlichen Karl-Marx-Konferenz in Berlin 1983 wurde von allen Delegationen — selbst wenn man Marx verschieden bewertete — die Lebenskraft seines Werkes hervorgehoben. „Karl Marx ist tatsächlich ein Mann, der allen Zeiten und der ganzen Menschheit gehört"[17], erklärte Pierre Nze von der Kongolesischen Partei der Arbeit. Nachdrücklich bekannte sich der Vertreter Nikaraguas zum Werk von Marx: „Wir, die Begründer und Erbauer der Sandinistischen Front der Nationalen Befreiung, definierten unsere Strategie, unsere Taktik und unser Programm ausgehend von den Lehren von Marx."[18] Und Professor Giuseppe Tamburrano, der für die Italienische Sozialistische Partei sprach, meinte: „Noch niemandem ist es gelungen, eine überzeugende Erklärung für die Tatsache zu geben, daß Karl Marx mit seinen Gedanken die Welt stärker verändert hat als Alexander, Cä-

Internationale Wissenschaftliche Konferenz aus Anlaß des 100. Todestags von Karl Marx 1983 in Berlin

sar, Karl der Große oder Napoleon mit ihren Waffen."[19] Man könnte die Meinungsäußerungen aus sämtlichen Teilen der Welt und von den verschiedensten politischen Kräften beliebig fortsetzen. Sie alle bringen zum Ausdruck, daß die Lebenskraft des Marxismus-Leninismus ungebrochen anhält, daß es sich bei dem Gerede vom „Altern" und vom „Tod" des Marxismus nur um Wunschträume seiner Gegner handelt.

Und doch versuchen es die Marxkritiker immer wieder. Eins ihrer Argumente bildet die Behauptung, der Marxismus sei eine typische Lehre des 19. Jahrhunderts, dem Geist dieses Jahrhunderts geschuldet, an die Bedingungen dieses Jahrhunderts gebunden und daher für die Gegenwart — das 20. Jahrhundert — oder gar für die Zukunft nicht mehr tauglich.

Natürlich bestreitet kein ernsthafter Mensch, daß der Marxismus das Produkt einer ganz bestimmten, historisch konkreten Zeit ist. Wir haben es eben nicht mit dem genialen Geistesblitz eines abstrakten Denkers oder mit der kühnen sozialen Idee eines Utopisten zu tun. Es handelt sich vielmehr um wissenschaftliche Einsichten, die aus der exakten Analyse der inneren Prozesse der kapitalistischen Gesellschaft erwachsen. Dabei spielt die industrielle Revolution, wie sie sich vor allem in England vollzog, eine herausragende Rolle. Das hängt direkt damit zusammen, daß der jeweilige Stand der Produktivkräfte für das Marxsche

108

Herangehen an die gesellschaftliche Entwicklung entscheidende Bedeutung hat. Aber es handelt sich um einen – gewollten! – Fehlschluß, wenn man aus der konkreten Zeitbezogenheit des Marxismus, aus den Ursachen und Bedingungen seines Entstehens, folgert, er sei historisch begrenzt oder gar vergänglich.

Marx selbst hat in seinen umfangreichen Vorarbeiten und detaillierten Forschungen zum „Kapital" auf einige seiner Überlegungen aufmerksam gemacht. „Die bürgerliche Gesellschaft", so betont er, „ist die entwickeltste und mannigfaltigste historische Organisation der Produktion. Die Kategorien, die ihre Verhältnisse ausdrücken, das Verständnis ihrer Gliederung, gewähren daher zugleich Einsicht in die Gliederung und die Produktionsverhältnisse aller der untergegangenen Gesellschaftsformen, mit deren Trümmern und Elementen sie sich aufgebaut, von denen teils noch unüberwundne Reste sich in ihr fortschleppen, bloße Andeutungen sich zu ausgebildeten Bedeutungen entwickelt haben etc. In der Anatomie des Menschen ist ein Schlüssel zur Anatomie des Affen."[20] Hier macht Marx deutlich, daß man zu weiterführenden und auch verallgemeinernden Einsichten über den analysierten Gegenstand hinaus dann gelangen kann, wenn man den richtigen Schlüssel nutzt. „In der Anatomie des Menschen ist ein Schlüssel zur Anatomie des Affen" – das gibt den methodischen Hinweis, wie man von der gründlichen Untersuchung einer höheren Entwicklungsstufe auf davorliegende Etappen und Erscheinungen schließen kann.

Zum anderen ging es Marx bei der Untersuchung des Kapitalismus ja nicht einfach um die Beschreibung der vorhandenen Fakten, Verhältnisse, Kräfte usw. Sein Ziel war es, „das ökonomische Bewegungsgesetz der modernen Gesellschaft zu enthüllen"[21], wie er im Vorwort zum „Kapital" schreibt. Und dieses Bewegungsgesetz des Kapitalismus, einmal entdeckt, gilt nicht nur im 19. Jahrhundert oder allein in einem Land. In diesem Sinn gleicht es den erkannten Naturgesetzen, die ebensowenig an Ort und Zeit ihrer Entdeckung gebunden sind. Wenn man den Marxismus als eine Theorie des 19. Jahrhunderts betrachtet, die für die Gegenwart und Zukunft überholt sei, dann geht man bewußt an dem tatsächlichen Inhalt des Marxismus-Leninismus, an den Erkenntnissen über die allgemeinsten

Gesetzmäßigkeiten in der Natur, in der Gesellschaft und im Denken vorbei.

So ist es nicht verwunderlich, daß manche Marxkritiker auf eine andere Begründung für die Überholtheit des Marxismus verfallen. Sie verzichten auf die These von der Theorie des 19. Jahrhunderts und erklären statt dessen, der Kapitalismus, über den Marx geschrieben habe, sei gegenwärtig nicht mehr vorhanden. Demzufolge hätte auch der Marxismus seine Bedeutung verloren. Die Behauptung, daß der Kapitalismus von heute gar kein Kapitalismus mehr sei, sondern eine „soziale Marktwirtschaft", daß es somit auch keinen Klassenkampf mehr gebe und daß die politische Macht nicht von denen ausgehe, die die ökonomische Macht besitzen, sondern von denen, die in „freier Wahl" gewählt seien — das alles wird mit der Schlußfolgerung verbunden, unter diesen „neuen" Bedingungen habe der Marxismus seine Anwendbarkeit total verloren.

Die Sache hat nur einen Haken: Die soziale Wirklichkeit läßt sich nicht wegreden. Kein neuer Name täuscht darüber hinweg, daß auch am Ende des 20. Jahrhunderts in der kapitalistischen Welt die Masse der Werktätigen keine Produktionsmittel besitzt, daß sie ihre Arbeitskraft an diejenigen verkaufen muß, welche die Produktionsmittel besitzen — das heißt an die Kapitalisten —, und daß sie im kapitalistischen Produktionsprozeß ausgebeutet wird, ja, daß die Ausbeutung des Menschen durch den Menschen unter den Bedingungen des wissenschaftlich-technischen Fortschritts ungeheuer zunimmt. Natürlich hat sich der Lebensstandard der Werktätigen — verglichen mit dem 19. Jahrhundert — enorm verbessert, vor allem auch dank dem energischen Kampf der Arbeiterklasse. Doch am Wesen des Kapitalismus als einer Ausbeutergesellschaft ändert das nichts. Neue und scharfe Widersprüche zeigen an, daß und wie das Bewegungsgesetz des Kapitalismus auch heute wirkt, daß der Klassenkampf nicht beendet ist und daß die politische Macht von den Interessenvertretern der Monopole ausgeht. Gerade bei der Durchsetzung der wissenschaftlich-technischen Revolution im Interesse der Bourgeoisie wird deutlich, wie hart dieses Ringen tatsächlich ist. Angesichts der lang anhaltenden Massenarbeitslosigkeit mit all ihren sozialen und menschlichen Folgen führen die Werktätigen einen beharrlichen Kampf gegen jede Betriebsstillegung, gegen die Vernichtung von Arbeitsplätzen. Aber auch der Widerstand gegen die Einschränkung demokratischer Errungenschaften, gegen die Mißachtung von Menschenrechten hat wegen der Gefahr eines totalen „Überwachungsstaats" eine neue Dimension angenommen.

Wenn also schon die Lüge von der veralteten Theorie des 19. Jahrhunderts nicht geglaubt und wenn das Gefasel vom nicht mehr existierenden Kapitalismus ständig ad absurdum geführt wird, und zwar nicht durch eine Theorie, sondern durch die kapitalistische Wirklichkeit mit ihren Superprofiten und ihren massenhaften Bankrotten, mit ihren Traumvillen und ihren Slums, mit ihren wissenschaftlich-technischen Spitzenleistungen und ihrer Massenarbeitslosigkeit — wo kann man dann ein Argument finden für die Überholtheit des Marxismus?

In jüngster Zeit macht eine neue Losung von sich reden: Der Gesellschaft geht die Arbeit aus! Mit dieser Auffassung reagierten in den letzten Jahren verschiedene bürgerliche Soziologen und Gesellschaftstheoretiker auf Entwicklungsprozesse der wissenschaftlich-technischen Revolution. Unter Bezugnahme auf reale Veränderungen im Arbeitsprozeß, vor allem auch durch neue, bisher so kaum vorausgesehene Einsatzmöglichkeiten der Mikroelektronik, entstand die Konzeption vom „Verschwinden" der menschlichen Arbeit. Tatsächlich führt ja der Einsatz der Mikroelektronik unter kapitalistischen Bedingungen zum Abschaffen von Arbeitsplätzen und zur Arbeitslosigkeit derjenigen, welche bisher an diesen Arbeitsplätzen tätig waren. Der Begriff „Jobkiller" machte in den entwickelten kapitalistischen Industrieländern die Runde. Aber den Theoretikern ging es um etwas anderes: Sie behaupteten, daß sich der Anteil der menschlichen Arbeit, der Einsatz der massenhaften Arbeitskraft in einer zukünftigen „Informationsgesellschaft" immer mehr verringern werde und daß bestimmte Tendenzen davon bereits heute spürbar seien.

Nun läßt sich über eine solche gesellschaftstheoretische Ansicht von der Zukunft recht interessant spekulieren und streiten. Ganz sicher verändert sich der Charakter der Arbeit unter den Bedingungen der wissenschaftlich-technischen Revolution. Der Einsatz der Mikroelektronik, aber auch anderer Schlüsseltechnologien bietet vielfältige Möglichkeiten, die von der Arbeitserleichterung über die gesamte Übernahme des Arbeitsplatzes bis zum Verschwinden ganzer bisheriger Berufe führen können. Im Sozialismus geht es dabei stets darum, mit diesen neuen Technologien Bedingungen und Voraussetzungen zu schaffen, welche die Stellung der Werktätigen im Produktionsprozeß so verändern, daß ihnen immer interessantere und mehr und mehr schöpferische Aufgaben zufallen. Von einem Verschwinden der Arbeit kann jedoch nicht die Rede sein.

Einige bürgerliche Marxkritiker haben nun aus der Behauptung vom Verschwinden der Arbeit scharfsinnig geschlußfolgert, daß damit ja auch die Arbeiterklasse verschwinden würde — wodurch dann endlich der Marxismus-Leninismus überholt wäre. Sie können sich dabei auf Theoretiker stützen, die sich als „Neomarxisten" bezeichnen und oft von linksradikalen Positionen aus Kritik an der revolutionären Arbeiterbewegung und ihrer wissenschaftlichen Theorie üben. So erklärte der französische „Neomarxist" André Gorz: „Der Marxismus steckt in einer Krise, weil die Arbeiterbewegung von einer Krise erfaßt ist."[22] Diese „Krise" resultiere letztlich aus einem allgemeinen „Abschied vom Proletariat", wonach die Arbeiterklasse eigentlich nur noch eine „Minderheit" in der Gesellschaft darstelle.

Solche Überlegungen erinnern an die lautstarken Beteuerungen vieler bürgerlicher Ideologen in den sechziger Jahren, daß die Arbeiterklasse „verbürgerlicht" sei, daß sie an Klassenkampf kein Interesse mehr habe, daß sie fest in den Kapitalismus integriert sei und daß damit der Marxismus widerlegt sei, der ja eine „Verelendungstheorie" aufgestellt habe. Die böswilligsten Marxfälscher behaupten sogar, Marx und Engels hätten die „Verarmung des Proletariats" angestrebt, „damit es von der Not getrieben zum revolutionären Kader würde"[23].

Nun haben Marx und Engels weder eine „Verelendungstheorie" aufgestellt, noch haben sie die revolutionären Potenzen der Arbeiterklasse aus ihrem materiellen Elend abgeleitet. Tatsächlich weisen sie bei der Analyse der kapitalistischen Akkumulation darauf hin, daß die „Akkumulation von Reichtum auf dem einen Pol ... also zugleich Akkumulation von Elend, Arbeitsqual, Sklaverei, Unwissenheit,

Brutalisierung und moralischer Degradation auf dem Gegenpol ... produziert"[24]. Bereits hierin wird deutlich, daß es nicht einfach um physisches, um materielles Elend allein geht, sondern um soziales Elend im umfassenden Sinn. An vielen Stellen ihrer Arbeiten erläutern Marx und Engels zudem, daß solche gesetzmäßigen Zusammenhänge nicht geradlinig und mechanisch auftreten, daß es sich hierbei um eine Tendenz handelt, die sich in mannigfaltigen Abwandlungen durchsetzt.

Mit all diesen und anderen Versuchen, die Existenz der Arbeiterklasse als der entscheidenden Kraft der gegenwärtigen Epoche zu leugnen, hat Michail Gorbatschow anläßlich des 70. Jahrestags der Großen Sozialistischen Oktoberrevolution abgerechnet, indem er erklärte: „Die westliche Welt ist voller ‚Theorien' darüber, die Arbeiterklasse werde angeblich verschwinden, als habe sie sich bereits in der ‚Mittelschicht' völlig aufgelöst, sei sozial entartet usw. usf. Es stimmt, die Arbeiterklasse erlebt große, substantielle Veränderungen. Aber umsonst gibt sich der Klassengegner der Illusion hin, umsonst versucht er, die Arbeiterbewegung zu desorientieren und irrezuführen. Die Arbeiterklasse, die heute in ihren neuen sozialen Grenzen eine zahlenmäßig überwiegende Kraft darstellt, ist in der Lage, eine entscheidende Rolle zu spielen, erst recht an einschneidenden Wendepunkten der Geschichte."[25]

Solide statistische Analysen belegen überzeugend, daß die Arbeiterklasse keineswegs verschwindet oder zu einer „Minderheit" in der Gesellschaft wird. 1980 betrug ihre zahlenmäßige Stärke in der Welt etwa 780 Millionen Menschen (bei einer Gesamtbevölkerung von 4410 Millionen). Davon lebten 265 Millionen im Sozialismus, 515 Millionen im Kapitalismus. Betrachtet man allein die Entwicklung der Arbeiterklasse in der kapitalistischen Welt, so hat sie von 1950 (etwa 290 Millionen) bis 1980 (515 Millionen) um 178 Prozent zugenommen. Wie der Imperialismusforscher Lothar Winter in seiner hochinteressanten Arbeit „Das Proletariat in der Welt von heute" feststellt, betrug der Anteil der Arbeiterklasse an den Erwerbspersonen der kapitalistischen Welt Anfang der achtziger Jahre etwa 43 Prozent, wobei es Schwankungen von Land zu Land gibt; die Unterschiede zwischen solchen Regionen wie Nordamerika (91 Prozent) und Afrika (24 Prozent), zwischen Europa (75 Prozent) und Asien (30 Prozent) zeigen die Tendenz an.

Natürlich geht es nicht allein um die Quantität, obwohl bereits hier sichtbar wird, wie sehr bei den Losungen vom „Ende der Arbeitsgesellschaft" und vom „Abschied vom Proletariat" der Wunsch der Vater des Gedankens ist. Die Qualität der Veränderungen zeigt sich in veränderten inneren Strukturen der Arbeiterklasse, mit neuen Verhältnissen zwischen körperlicher und geistiger Arbeit, wird im Entstehen und Vergehen von Berufen und Berufszweigen sichtbar. Stets erweist sich jedoch, daß die Arbeiterklasse, die am engsten mit der dynamischen Entwicklung der Produktivkräfte verbundene gesellschaftliche Gruppierung ist und bleibt. Gerade daraus leiten sich aber ihre gesellschaftliche Stellung und die reale Möglichkeit für die Lösung gesellschaftsgestaltender Aufgaben ab.

Die bedeutenden Veränderungen, die sich mit der Durchsetzung der wissenschaftlich-technischen Revolution sowohl in der kapitalistischen wie in der sozialistischen Gesellschaft — allerdings in sehr unterschiedlicher Richtung und Weise — ergeben, führen also keineswegs zur Minderung der Rolle der Arbeiterklasse und schon gar nicht zu ihrem Verschwinden. Die qualitativen Veränderungen lassen sie auch unter neuen Entwicklungsbedingungen zur wichtigsten gesellschaftlichen Kraft werden. In den kapitalistischen Ländern stehen ihr neue, komplizierte Auseinandersetzungen und Kampfbedingungen bevor. In den sozialistischen Ländern werden an sie hohe Anforderungen hinsichtlich ihrer immer besseren Befähigung als produzierende und machtausübende Klasse gestellt. Für die neuen Erfordernisse benötigt sie anspruchsvolle theoretische Lösungen.

Der Marxismus-Leninismus verliert unter solchen Bedingungen also nicht an Bedeutung, sondern seine Produktivität, sein dialektisches Vermögen, sein konsequenter Materialismus sind mehr denn je gefragt. Keiner dieser Wesenszüge der Marxschen Theorie ist „überholt" oder „veraltet". Die Entwicklung der Arbeiterklasse und die Weiterentwicklung ihrer wissenschaftlichen Theorie bilden eine Einheit, vollziehen sich in engster Beziehung zueinander. Diese Einheit wird in der gesellschaftlichen

1979 legten Erich Honecker und Mengistu Haile Mariam in Addis Abeba den Grundstein für das erste Karl-Marx-Denkmal auf dem afrikanischen Kontinent.

Praxis durch die revolutionäre Partei der Arbeiterklasse hergestellt. Sie führt die Klasse, sie formt ihr Bewußtsein, sie fordert und fördert die Entwicklung der marxistisch-leninistischen Theorie.

Damit wird auch verständlich, daß alle bürgerliche Marxkritik – und vor allem natürlich die militant-antikommunistische – ihren Hauptstoß stets gegen die marxistisch-leninistische Partei richtet. Den Marxismus kann man kritisieren, verfälschen und sogar in sein Gegenteil verkehren – aber nur, wenn man die Theorie von der Praxis trennt, nur wenn es gelingt, ihn als etwas Separates zu betrachten, das außerhalb der revolutionären Arbeiterbewegung, wie eine Art akademische Lehre, existiert. Gegenüber der festen Einheit von revolutionärer Theorie und Praxis erweist sich alle bürgerliche Marxismuskritik als machtlos. Für die Marxisten ist es deshalb eine wichtige Verpflichtung, diese Einheit immer wieder auf neuer Stufe herzustellen, zu festigen und gegen jegliche Versuche der Auflösung zu verteidigen. „Nur mit einer Partei, die sich vom wissenschaftlichen Sozialismus leiten läßt, war die Arbeiterklasse in der Sowjetunion und den anderen sozialistischen Ländern in der Lage, ihre welthistorische Mission in Angriff zu nehmen und Schritt für Schritt zu verwirklichen. Nur eine Partei, die theoretisch und praktisch auf der Höhe der Aufgaben ihrer Zeit steht, die allgemeinen Gesetzmäßigkeiten schöpferisch anzuwenden versteht und fest mit den Massen verbunden ist, garantiert die erfolgreiche Bewältigung der Aufgaben der Übergangsperiode vom Kapitalismus zum Sozialismus und die Fortführung des einheitlichen revolutionären Prozesses durch die Errichtung des entwickelten Sozialismus."[26]

So ist denn auch die offensive Polemik gegen Angriffe der bürgerlichen Marxkritik keine bloße Angelegenheit auf dem Gebiet der Theorie und von Theoretikern. Die Auseinandersetzung mit antimarxistischen Positionen wird von jedem Kommunisten, von jedem Vertreter der Weltanschauung der Arbeiterklasse geführt, weil er damit die theoretische Plattform seiner Partei, die politische Strategie und zugleich seine ganz persönliche Weltanschauung verteidigt. Insofern stellt die Lüge vom „unmodernen" Marxismus eine Herausforderung dar, auf die Millionen Vertreter des Marxismus-Leninismus auf ihre Weise reagieren. Aber wie wir gesehen haben, bedarf es eigentlich nicht allzu großer Anstrengungen, mit diesem Vorwurf fertigzuwerden. Der Schwindel vom „überholten" Marxismus zählt nicht zu den „anspruchsvollen" Unterstellungen — er ist mehr eine dumme Lüge.

Eine anspruchsvolle Fälschung

„‚Wissenschaftlicher Marxismus' ist ein Widerspruch in sich"[27], heißt es in einem Buch über die biologische Erkenntnis, und der Autor scheint überzeugt zu sein, damit einen richtigen Sachverhalt in knapper Form ausgedrückt zu haben.

Womit wird eine solche wie selbstverständlich geäußerte Ansicht eigentlich begründet? Wie kommt es, daß selbst ernsthafte bürgerliche Theoretiker, die über manche Fälschung des Marxismus wegen ihrer Niveaulosigkeit witzeln, in diesem Fall der Entstellung aufsitzen und sie für bare Münze nehmen?

Die Argumentation wird aus der Feststellung abgeleitet, der Marxismus-Leninismus sei Ideologie, er sei Weltanschauung. Wie ist das möglich? Tatsächlich sprechen wir doch fast täglich von der sozialistischen Ideologie. In den Dokumenten der Partei der Arbeiterklasse, aber auch in Beschlüssen des Jugendverbands ist von der ideologischen Arbeit die Rede. Als ein wichtiges Ziel sozialistischer Bewußtseinsentwicklung wird formuliert, daß die sozialistische Ideologie immer mehr Menschen erreicht und ihr Denken und Verhalten prägt. Wie kann man daraus folgern, der Marxismus-Leninismus sei unwissenschaftlich?

Der Marxismus-Leninismus hat eine eindeutige, historisch gewachsene und theoretisch begründete Auffassung von der Ideologie. Zieht man ein wissenschaftliches Nachschlagewerk zu Rate oder liest man in einem Lehrbuch des Marxismus-Leninismus nach, so findet man zumeist etwa folgende Bestimmung: Die Ideologie stellt ein System von politischen und philosophischen, rechtlichen und moralischen, künstlerischen und religiösen Ideen und Theorien dar, die durch die materiellen Verhältnisse der jeweiligen Gesellschaft bedingt sind und ganz bestimmte Klasseninteressen zum Ausdruck bringen. Sie hat die Funktion, das Denken, Fühlen und Handeln der Menschen im Sinn dieser Klasseninteressen zu beeinflussen. Zum richtigen Verständnis muß also dreierlei beachtet werden: Erstens handelt es sich bei der Ideologie um Ideen, aber nicht um die eine oder andere, sondern immer um ein *System* von Ideen; zweitens stellen diese Ideen nicht einfach etwas Ausgedachtes dar, sondern spiegeln ganz bestimmte materielle gesellschaftliche Verhältnisse wider, insbesondere die *jeweiligen Produktionsverhältnisse*, durch die sie bedingt sind; und drittens kommen in der Ideologie am klarsten die *Interessen* ganz bestimmter *Klassen* zum Ausdruck.

Wenn wir nun die heutige Welt betrachten, dann erkennen wir, daß die beiden entscheidenden Klassen der Gegenwart, die das politische und geistige Antlitz der Erde prägen, die die beiden Gesellschaftssysteme Sozialismus und Kapitalismus tragen und gestalten, die Bourgeoisie und die Arbeiterklasse sind. Die unterschiedlichen, ja gegensätzlichen Interessen dieser beiden Klassen finden ihren Ausdruck in der *bürgerlichen* Ideologie auf der einen und der *sozialistischen* Ideologie auf der anderen Seite. Beide stehen sich in einem prinzipiellen, kompromißlosen Kampf gegenüber. Das ist deshalb so, weil die Klasseninteressen der Bourgeoisie letztlich darauf abzielen, die von ihr beherrschte Gesellschaft des Kapitalismus zu erhalten und zu verteidigen und alle Veränderungen in Richtung einer neuen Gesellschaft zu verhindern. Diese Interessen finden demzufolge auch in der bürgerlichen Ideologie einen zentralen Platz. Die Interessen der Arbeiterklasse dagegen bestehen darin, sich von der Ausbeutung zu befreien, eine neue, die von Ausbeutung und Klassenunterdrückung freie sozialistische Gesellschaft zu gestalten und in einem historischen Prozeß die klassenlose kommunistische Gesellschaft aufzubauen. Diese Interessen bestimmen natürlich die sozialistische Ideologie. Wenn gerade unter den gegenwärtigen Bedingungen der Gestaltung der entwickelten sozialistischen Gesellschaft, des gewaltigen Ringens um die Sicherung des Friedens, der großen Anstrengungen bei der Meisterung der wissenschaftlich-technischen Revolution so intensiv um die ständige Entwicklung und Festigung der sozialistischen Ideologie in unserem Land gekämpft wird, dann hängt das eben damit zusammen, daß bei all diesen Prozessen von historischer Dimension die Bewußtheit des Handelns so bedeutsam ist, das Wissen darum, warum sich einer so verhält und so handelt, mit welchen Zielen, für wen und auch gegen wen.

Für die bürgerlichen Theoretiker im allgemeinen und die Marxkritiker im besonderen hat „Ideologie" jedoch einen anderen Inhalt. Sie verstehen darunter zumeist ein „falsches Bewußtsein", eine von Parteiinteressen geprägte subjektive Lehre über die Gesellschaft und die politische Macht. Wenn aber der Marxismus eine Ideologie sei, so die Marxkritik, dann könne er nicht wissenschaftlich sein. Interessen seien etwas der Wissenschaft Abträgliches. Objektives, nüchternes, wissenschaftliches Herangehen müsse frei von besonderen Interessen, von Parteinahme, also von Ideologie sein.

Was hier zur Ideologie gesagt wird, gilt in ähnlicher

Weise für die Weltanschauung. Das Bekenntnis des Marxismus-Leninismus, daß er die wissenschaftliche Weltanschauung der Arbeiterklasse darstellt, nimmt die Marxkritik zum Anlaß, die Wissenschaftlichkeit des Marxismus überhaupt zu bezweifeln, da eine Wissenschaft eben objektiv und unparteilich sein müsse, eine Weltanschauung jedoch stets eine parteiliche Haltung in sich fasse. Aus bürgerlicher Sicht werden Wissenschaftlichkeit und Parteilichkeit also streng gegeneinandergestellt, es kann nur ein undialektisches, mechanisches Entweder-Oder geben: Entweder sei der Marxismus eine Wissenschaft, dann dürfe er nicht parteilich, dann müsse er von jedem nutzbar sein — oder er sei eine Weltanschauung, und zwar die einer bestimmten Klasse, dann diene er allein deren Interessen, sei parteilich und könne nicht wissenschaftlich sein.

Für die bürgerlichen Marxkritiker bildet der vom Marxismus-Leninismus selbst offen betonte Zusammenhang von Wissenschaft und Parteilichkeit einen unlösbaren Widerspruch. Sie konstruieren einen Gegensatz von weltanschaulicher Parteinahme und Wissenschaft, weil sich einerseits die *bürgerliche* Weltanschauung heute energisch gegen wissenschaftliche Einsichten zur Wehr setzen muß und andererseits die eigene Klassenposition nicht offenbart werden soll. Daraus entsteht folgendes Dilemma: Wissenschaftliche Erkenntnisse über gesellschaftliche Gesetzmäßigkeiten, über den gesellschaftlichen Fortschritt, über die Ursachen von Kriegen, über ökonomische Zusammenhänge von wissenschaftlich-technischem Fortschritt, kapitalistischen Krisen und Massenarbeitslosigkeit können nicht anerkannt, sondern müssen im Interesse der Bourgeoisie energisch bekämpft werden. Selbstverständlich ist die bürgerliche Weltanschauung, auch in ihrer heutigen Gestalt, nicht einfach ein Sammelsurium von Lügen, Verdrehungen und Fälschungen; für die Steuerung gesellschaftlicher Prozesse, für den geistigen Herrschaftsanspruch benötigt die Bourgeoisie durchaus anwendbares Wissen. Eine Übereinstimmung von Wissenschaft und Weltanschauung jedoch kann es bei ihr nicht geben. Aber es geht natürlich nicht an, daß diese für die bürgerliche Weltanschauung geltende Beziehung ganz einfach auf die Weltanschauung der Arbeiterklasse übertragen wird.

„Die Lehre von Marx ist allmächtig, weil sie wahr ist. Sie

ist in sich geschlossen und harmonisch, sie gibt den Menschen eine einheitliche Weltanschauung, die sich mit keinerlei Aberglauben, keinerlei Reaktion, keinerlei Verteidigung bürgerlicher Knechtung vereinbaren läßt"[28], schreibt Lenin. Daß die Weltanschauung der Arbeiterklasse wissenschaftlich ist, stellt kein Glaubensbekenntnis dar, sondern eine durch Theorie und Praxis belegte und immer wieder belegbare Tatsache. Der Marxismus-Leninismus geht also wie jede Wissenschaft objektiv an die Erforschung der Gesetzmäßigkeiten des gesellschaftlichen Lebens heran — und er verbindet die dabei gewonnenen wissenschaftlichen Fakten und Einsichten mit einer klaren parteilichen Haltung für die Interessen der Arbeiterklasse.

In der Auseinandersetzung mit den bürgerlichen Marxkritikern muß natürlich gezeigt werden, wie denn im Marxismus-Leninismus Wissenschaftlichkeit und Parteilichkeit miteinander verbunden sind. Dabei spielt die richtige Einsicht in das Problem der Wahrheit eine große Rolle. Als Vertreter des dialektischen Materialismus gehen wir von der optimistischen Auffassung aus, daß die Welt durch den Menschen erkannt und richtig widergespiegelt werden kann. Wir sprechen in diesem Sinn von einer objektiven Wahrheit, wenn die widergespiegelten Vorstellungen und Abbilder mit der Realität übereinstimmen. Die objektive Wahrheit aufzudecken gehört zu den wichtigsten Aufgaben der Wissenschaften. Diese objektive Wahrheit existiert für alle Menschen, ob sie sie nun akzeptieren oder nicht. Das Erkennen der Wahrheit stellt einen komplizierten gesellschaftlichen Prozeß dar, über den wir hier nicht im einzelnen reden wollen. Allein schon das Verhältnis von relativer und absoluter Wahrheit, ebenso die Methoden der Wahrheitsfindung in verschiedenen Wissenschaften, die Beweisführungen bilden ganze Komplexe hochinteressanter, aber eben auch schwieriger Probleme. Für unseren Zweck reicht die Feststellung, daß es wissenschaftliche Einsichten mit dem Resultat objektiver Wahrheiten gibt, woraus sich die Forderung ableitet, in allen Fragen möglichst objektiv vorzugehen. Das bedeutet nichts anderes, als entsprechend der Wirklichkeit und ihren Zusammenhängen, ihren Ursachen und konkreten Erscheinungen die Ansichten richtig zu bilden und in Übereinstimmung mit diesen richtigen Ansichten zu handeln. So verstanden, richtet sich die Objektivität gegen Wunschdenken und eine Über- oder auch Unterschätzung der Realität, der Potenzen und Ressourcen. Insofern ist sie bedeutungsvoll für eine korrekte Beurteilung des Kräfteverhältnisses in der Welt, für die Gestaltung einer erfolgreichen Gesellschaftsstrategie, für die Analyse der in der Gesellschaft wirklich vorhandenen Kräfte usw.

Allerdings bedeutet die Anerkennung der Objektivität noch nicht automatisch die Einbeziehung von Parteilichkeit. Lenin unterscheidet zum Beispiel zwischen Objektivisten und Materialisten und stellt dazu fest: „Der Objektivist spricht von der Notwendigkeit des gegebenen historischen Prozesses; der Materialist trifft genaue Festlegungen über die gegebene sozialökonomische Formation und die von ihr erzeugten antagonistischen Verhältnisse. Wenn der Objektivist die Notwendigkeit einer gegebenen Reihe von Tatsachen nachweist, so läuft er stets Gefahr, auf den Standpunkt eines Apologeten dieser Tatsachen zu geraten; der Materialist enthüllt die Klassengegensätze und legt damit seinen Standpunkt fest ... Auf diese Weise ist der Materialist einerseits folgerichtiger als der Objektivist und führt seinen Objektivismus gründlicher, vollständiger durch ... Anderseits schließt der Materialismus sozusagen Parteilichkeit in sich ein, da er dazu verpflichtet ist, bei jeder Bewertung eines Ereignisses direkt und offen den Standpunkt einer bestimmten Gesellschaftsgruppe einzunehmen."[29]

Wenden wir diese verallgemeinerte Aussage Lenins auf die entscheidende Frage unserer Zeit an, auf die Problematik von Krieg und Frieden, so ergibt sich folgendes Bild: Der Objektivist erkennt die Notwendigkeit des historischen Prozesses in bezug auf den Krieg dahingehend an, daß Kriege seit Existenz der Klassengesellschaft die menschliche Geschichte begleiten, daß sie also objektive Ursachen haben. Der Materialist bleibt dabei aber nicht stehen, sondern erforscht die jeweiligen konkreten gesellschaftlichen Bedingungen und Klassenkräfte, die Verantwortung für die Kriege tragen. Der Objektivist kann zum Apologeten, zum Verfechter der Fakten werden — und gar nicht so selten wird heute von der Tatsache, daß es bisher stets Kriege gegeben hat, darauf geschlossen, daß Kriege zwangsläufig zur menschlichen Gesellschaft gehören, also nicht zu vermeiden seien. Dagegen enthüllt der Materialist die realen Klassenkräfte und kommt zu der neuen Einsicht, daß sich Kriege bereits in der Gegenwart, das heißt auch unter den Bedingungen des Fortbestehens des Imperialismus, verhindern lassen.

So wird deutlich, daß Objektivist sein durchaus nicht bedeuten muß, auf der Höhe der wissenschaftlichen Einsicht, auf der Höhe der Zeit zu stehen. Dazu bedarf es des dialektisch-materialistischen Herangehens. Das ist ein Herangehen, das objektives und parteiliches Verhalten miteinander verbindet.

Bürgerliche Theoretiker verkünden für ihr Denken dagegen immer wieder Unparteilichkeit als Ausdruck höchster Objektivität. Kann man aber überhaupt ohne Parteinahme existieren? Gibt es in Fragen der Gesellschaft einen Standpunkt „über" den Klasseninteressen? Hinter der Losung von der Unparteilichkeit verbirgt sich zumeist eine Parteilichkeit, die man nicht zu erkennen geben möchte. Es ist klar, daß sich heute immer weniger Kräfte des Imperialismus finden, die offen für imperialistische Ziele, für Krieg und Gewalt, für Kolonialismus und Machtstreben, für Unterdrückung und Ausbeutung eintreten – obwohl es auch noch solche Ideologen gibt: Das sind die reaktionärsten Wortführer des Imperialismus, die sich nicht scheuen, ganz unverhüllt sein Wesen zu propagieren. Zumeist tarnt man sich aber mit der „objektiven" und „unparteilichen" Position eines Abwägens, eines Für und Wider, eines Sowohl-Als-auch. Die wirklichen Klasseninteressen der Bourgeoisie von heute sind bornierte, reaktionäre Interessen, die auf hohe Profite, auf eine starke politische Macht, auf eine wenig kämpferische Arbeiterklasse abzielen. Dafür dürften sich die Werktätigen kaum engagieren. So werden diese wirklichen Klasseninteressen nicht selten hinter dem Anspruch einer unparteilichen Haltung verborgen. Meist kommt dann noch die Behauptung ins Spiel, daß es eigentlich gar keine Klassen mehr gebe, also auch keine schroffen Klassengegensätze oder gar einen Klassenkampf. Wer sich für die Lebensinteressen der Werktätigen einsetzt, wird als Vertreter und Verfechter angeblicher „Sonderinteressen", die dem „Gemeinwohl" schaden, kritisiert. So verhüllt ein Nebel verschwommener Vorstellungen die realen gesellschaftlichen Beziehungen.

Spottgedicht reaktionärer Kräfte auf den Kommunismus aus dem Jahr 1849

Der Marxismus-Leninismus legt dagegen keinen Wert darauf, die Wirklichkeit zu verschleiern, ihm geht es gerade darum, die jeweiligen gesellschaftlichen Verhältnisse in ihrer Gesamtheit richtig zu erfassen und widerzuspiegeln.

Deshalb bekennen sich die Marxisten dazu, daß sie die Klasseninteressen der Arbeiterklasse vertreten. Sie verbergen ihre Ziele, Absichten und Motive nicht, sondern erläutern in aller Offenheit und Öffentlichkeit die inneren Beweggründe ihres Handelns. „Die Kommunisten verschmähen es, ihre Ansichten und Absichten zu verheimlichen. Sie erklären es offen, daß ihre Zwecke nur erreicht werden können durch den gewaltsamen Umsturz aller bisherigen Gesellschaftsordnungen"[30], heißt es bereits im „Manifest der Kommunistischen Partei" von Karl Marx und Friedrich

Engels. Ein solcher Standpunkt ist charakteristisch für die Arbeiterklasse und ihre marxistisch-leninistische Partei. In der Geschichte waren es zumeist die progressiven, revolutionären Kräfte, die selbstbewußt und offen parteilich auftraten, während die Reaktion ihre Interessen zu verheimlichen suchte. Das erklärt sich eben daraus, daß die Klasseninteressen der jeweils progressiven Kräfte in den Haupttendenzen mit den Lebensinteressen des ganzen Volkes übereinstimmen und es somit nichts zu verbergen gibt, ja die Offenheit und Parteilichkeit nur mobilisierend wirken kann. Die Klasseninteressen der Reaktion sind den Lebensinteressen des Volkes in der Regel diametral entgegengesetzt, so daß man sie tarnen oder hinter der Losung der Unparteilichkeit verstecken muß. Diese Tendenzen in der Geschichte und in seiner Zeit zusammenfassend, sagt Lenin: „Parteilosigkeit ist eine bürgerliche Idee. Parteilichkeit ist eine sozialistische Idee."[31]

Parteilichkeit und Wissenschaftlichkeit bilden also keinen Widerspruch an sich, Marxismus-Leninismus als Einheit von Wissenschaft und Parteilichkeit für die Interessen der Arbeiterklasse ist nicht nur möglich, sondern geradezu die Existenzgrundlage der Theorie der Arbeiterklasse. Die Erklärung dafür liegt darin, daß Wissenschaftlichkeit nichts anderes bedeutet als Übereinstimmung mit der objektiven Realität, als die richtige Widerspiegelung der Wirklichkeit.

Wenn nun die Interessen der Arbeiterklasse mit der Wirklichkeit und ihrer Entwicklung in Einklang stehen, wenn die Arbeiterklasse für eine schonungslose Aufdeckung aller Beweggründe, Bedingungen und Ursachen der gesellschaftlichen Bewegung und Veränderung eintritt, dann bilden die Parteinahme für diese Interessen und die nüchterne Wissenschaftlichkeit eine Einheit. Allgemein läßt sich feststellen: Stimmen die Parteilichkeit als Prinzip und die Parteinahme als Handlungs- und Verhaltensweise mit der objektiven Realität überein, so kann es keinen Widerspruch zwischen wissenschaftlich und parteilich geben; man handelt parteilich, indem man auf der Basis wissenschaftlicher Einsichten tätig wird – und man geht wissenschaftlich vor, indem man Partei ergreift für die entscheidende gesellschaftliche Kraft unserer Epoche, die Arbeiterklasse. Der Marxismus-Leninismus erfüllt diese Bedingungen, weil er in der Einheit seiner Bestandteile — der dialektisch-materialistischen Philosophie, der politischen Ökonomie und des wissenschaftlichen Sozialismus — den höchsten Entwicklungsstand der Gesellschaftswissenschaften verkörpert und weil die Interessen der Arbeiterklasse, die er zum Ausdruck bringt, keine Erkenntnisschranken setzen.

Natürlich bedeutet das keineswegs, daß der Marxismus-Leninismus bereits alles weiß, auf alle neuen Fragen eine Antwort parat hat und immer recht behält. Der Marxismus-Leninismus ist kein Dogma, kein Glauben mit ein für allemal gültigen Formeln, die es nur zu wiederholen gilt. Bürgerliche Marxkritiker versuchen oft, dem Marxismus zu unterstellen, er betrachte sich im Alleinbesitz der Wahrheit. Gerade in den Diskussionen der jüngsten Zeit um die Entwicklung eines neuen Denkens in den internationalen Beziehungen wird sichtbar, daß die Suche nach neuen Antworten auf die Herausforderungen der Zeit für den Marxismus-Leninismus typisch ist. Der Marxismus besitzt einen gesicherten Fundus an wissenschaftlichen Einsichten über Krieg und Frieden in der Klassengesellschaft, über Gesetzmäßigkeiten der Systemauseinandersetzung zwischen Sozialismus und Kapitalismus. Aber eine bloße Wiederholung dieser nach wie vor gültigen und bedeutsamen Erkenntnisse wäre kein schöpferisches Herangehen an die neuen Prozesse. Heute, da durch die Kernwaffen die Gefahr der Vernichtung der Menschheit real existiert, muß auf der Grundlage bisheriger Einschätzungen und Bewertungen nach neuen Wegen gesucht werden. Wie Michail Gorbatschow anläßlich des 70. Jahrestags der Oktoberrevolution erklärte, verfügt niemand über fertige Rezepte: „Wenn wir unsere Konzeptionen des neuen Denkens darlegen, erheben wir keinesfalls den Anspruch, den Stein des Weisen gefunden zu haben: Wir suchen selbst und laden andere dazu ein, gemeinsam nach Wegen zu suchen, die die Menschheit über das ‚Minenfeld' unserer Tage in das XXI. Jahrhundert führen würden — ein Jahrhundert ohne Kernwaffen und ohne Gewalt."[32]

Die Suche nach den Inhalten des neuen Denkens, nach den Wegen der friedlichen Koexistenz — das ist eine ungeheure wissenschaftliche Anstrengung, eine Herausforderung an die produktiven Kräfte des Marxismus-Leninismus, aber auch anderer Theorien und politischer Bewegungen. Diese gewaltige wissenschaftliche Arbeit einer Analyse der realen Dialektik in der Welt von heute erfolgt jedoch in keinem Fall von „neutralen", über den Dingen befindlichen Standpunkten, sondern wird von einer klaren und offenen Parteilichkeit getragen. „Weder negative Momente in der Geschichte des Sozialismus noch ganze Bibliotheken der Gegner des Marxismus, noch die Schärfe und Raffinesse der ideologischen Polemik in der Welt haben es vermocht, die Schlußfolgerung zu widerlegen, *daß es eine Alternative zum Kapitalismus gibt*. Und diese Alternative ist der Sozialismus."[33]

Die Unterstellungen bürgerlicher Marxkritiker, daß sich aus der offenen Parteilichkeit des Marxismus Unwissenschaftlichkeit, dogmatische Abgeschlossenheit und Rechthaberei ergeben — das alles sind Versuche, seine weiter wachsende Anziehungskraft zu bekämpfen. Denn diese Anziehungskraft entwickelt sich in dem Maß, wie der Marxismus seine theoretische Produktivität und schöpferische Dynamik bei der Bewältigung der neuen Entwicklungsprobleme der Menschheit beweist. Eben dagegen haben sich die Marxkritiker verschworen und setzen alles daran, die uralte Behauptung vom unwissenschaftlichen Charakter des Marxismus abzustützen. Dabei wissen sie, daß es für sie ein Erfolg wäre, gerade im Zeitalter der wissenschaftlich-technischen Revolution und des Anwachsens der Rolle der Wissenschaften auf allen Gebieten dem Marxismus in den Augen der Menschen seine Wissenschaftlichkeit zu nehmen. Die Wissenschaftlichkeit des Marxismus zu verteidigen zählt deshalb zu den vordringlichen Aufgaben in der Polemik mit der Marxkritik.

Aber das ist nur ein Teil des Problems — und wahrscheinlich nicht einmal der schwierigste. Aus der Wissenschaftlichkeit unserer Weltanschauung erwächst natürlich auch die Verpflichtung, sich diese Wissenschaft anzueignen — wie man sich Wissenschaft eben aneignen muß: durch intensives, beharrliches Studium. Ernsthaftes Studium reicht jedoch nicht aus, denn allein die Kenntnis von Fakten, Definitionen, Bestimmungen, Zusammenhängen im Theoriegebäude des Marxismus-Leninismus genügt noch nicht. Man muß in die „Seele" dieser Theorie, in die materialistische Dialektik, eindringen, selbst zum dialektischen Denken vorstoßen, die theoretischen Erkenntnisse mit der gesellschaftlichen Praxis zu verbinden verstehen, mit dem Instrumentarium des Marxismus-Leninismus zu neuen Einsichten und Bewertungen der Welt von heute gelangen und das eigene Handeln, das Tätigsein in der Gesellschaft als Bestandteil der Aneignung von Marxismus begreifen — dann ist man auf dem Weg zum Marxismus-Leninismus als zu der eigenen, für das Denken und Tun bestimmenden Weltanschauung. Das erfordert Anstrengungen — aber die Straße zur Wissenschaft ist kein gerader Weg ohne Schweiß und Engagement. Es ist aber auch ein Weg voller Entdeckungen, die einem den Reichtum der Welt und ihrer vielfältigen Beziehungen mehr und mehr erschließen helfen. In diesem Prozeß wird man selbst zu einer — für die anderen immer interessanteren — Persönlichkeit. Um das zu erreichen, muß man sich dem Marxismus und seiner Einheit von Wissenschaftlichkeit und Parteilichkeit stellen.

Friedrich Engels hat in seiner Schrift „Ludwig Feuerbach und der Ausgang der klassischen deutschen Philosophie" mit Nachdruck und Stolz darauf hingewiesen, daß es der Arbeiterklasse weder um Rücksichten auf Profitmacherei noch auf Karriere gehe; „im Gegenteil, je rücksichtsloser und unbefangener die Wissenschaft vorgeht, desto mehr befindet sie sich im Einklang mit den Interessen und Strebungen der Arbeiter"[34].

Eine „wissenschaftliche" Fälschung

Bei unserer bisherigen Beschäftigung mit den Praktiken und Zielen der konservativ orientierten bürgerlichen Marxkritik haben wir uns vor allem mit solchen Angriffen auseinandergesetzt, die im alltäglichen Umgang mit Marx, in den Medien, in Fernsehen, Rundfunk und Presse, in der öffentlichen Meinung, im politisch-ideologischen Tageskampf vorgetragen werden. Wie wir sahen, handelt es sich dabei um Fälschungen, Lügen, Entstellungen und Fehldeutungen, die mit ein wenig Überlegung, mit sicheren Marxismuskenntnissen und einer logischen Betrachtungsweise zu durchschauen und zu widerlegen sind.

Nun bemüht sich aber auch die bürgerlich-konservative Marxkritik um einigen theoretischen Tiefgang. Obwohl es ihr vor allem darauf ankommt, ein negatives Marxbild im Massenbewußtsein zu entwickeln, besteht ein weiteres Ziel darin, auf wissenschaftlich arbeitende Kreise, auf die Intelligenz in gleichem Sinn zu wirken. Doch dazu bedarf es solcher Argumente in der Marxkritik, die den Schein der Wissenschaftlichkeit tragen, die nicht zu leicht durchschaubar sind, die an die Denkweise der bürgerlichen Intelligenz anknüpfen.

Die Auseinandersetzung mit derartigen Auffassungen der bürgerlichen Marxkritik vom Standpunkt des Marxismus-Leninismus aus erfordert gründliche, ernsthafte Analysen und auch umfassende Beweisführungen. Das kann und soll hier nicht geleistet werden. Damit beschäftigt sich die wissenschaftliche Literatur, die diese Seite der bürgerlichen Marxkritik besonders aufs Korn nimmt.

Wir wollen unseren Gang durch die Fälscherwerkstatt der konservativen Marxkritik aber nicht beenden, ohne zumindest eine dieser sich wissenschaftlich gebenden Attacken vorzuführen, kritisch zu betrachten und die Richtung der tatsächlichen Argumentation anzudeuten. Dabei handelt es sich um einen Bereich, der sich von jeher für Entstellungen anspruchsvollerer Art besonders gut zu eignen scheint: die Geschichte der Entstehung und Entwicklung des Marxismus-Leninismus.

Der Marxismus-Leninismus geht an alle Fragen der Entwicklung historisch heran; er kann auch in seiner eigenen Entwicklung nur aus konsequent historischer Sicht begriffen werden. „Der ganze Geist des Marxismus", betont Lenin, „sein ganzes System verlangt, daß jede These nur α) historisch; β) nur in Verbindung mit anderen; γ) nur in Verbindung mit den konkreten Erfahrungen der Geschichte betrachtet wird."[35]

Aus ebendiesem Grund greifen die Marxkritiker so gern die Geschichte des Marxismus-Leninismus an: Sie erhoffen sich davon Auflösungen, zumindest empfindliche Störungen in der marxistischen Theorie und ihrem Verständnis. Zu diesem Zweck werden im Entwicklungsgang des

Marxismus Marx und Engels und Lenin gegeneinanderge-
stellt, erscheint Engels zum Beispiel als „Vereinfacher" von
Marx und nicht als gleichberechtigter Mitstreiter, wird aus
Lenin nicht der konsequente Fortsetzer der Marxschen
Ideen, sondern der „Verderber".

Beliebt ist es auch, die Geschichte des Marxismus-
Leninismus in Phasen aufzuteilen, etwa in eine Entstehungsphase, eine Reifezeit und eine Niedergangsphase.
Nach diesem Schema hat beispielsweise der heute in England lebende polnische Philosoph Leszek Kolakowski eine
dreibändige Geschichte geschrieben: „Der Marxismus in
seinen Hauptströmungen. Entstehung — Entwicklung —
Zerfall". Und es ist sicher kein Zufall, daß er sich als Gegner des Marxismus-Leninismus bemüht, dort von Verfall
und Niedergang zu sprechen, wo die Entwicklung des realen Sozialismus beginnt: bei der Entstehung der Sowjetunion und des sozialistischen Weltsystems.

Eine andere Variante der Fehldeutung der historischen
Entwicklung des Marxismus besteht darin, das Schaffen
von Marx selbst in einzelne Etappen zu zerlegen, um so einen „jungen" gegen einen „alten" Marx zu stellen. Dahinter
verbirgt sich der Versuch, einen „humanistischen", der Philosophie anhängenden Denker, der die „Menschheit" befreien wollte — und für den man durchaus Sympathie haben könnte —, einem „klassenkämpferischen", der politischen Ökonomie verfallenen Ideologen, der für die Diktatur des Proletariats focht — und den man ablehnt —, entgegenzusetzen.

Es gibt viele solcher Fälschungen zur Geschichte des
Marxismus. Die bedeutungsvollste, verbreitetste und wohl
auch immer noch wirksamste besteht in der Entgegensetzung von Marxismus auf der einen und Leninismus auf der
anderen Seite. Wir sind auf diese Aufspaltung des Marxismus-Leninismus schon eingegangen und haben gesehen,
welche Ziele damit verfolgt werden. Deshalb wollen wir
uns hier einer anderen Unterstellung zuwenden, die sich in
recht geschickter Weise nicht mit dem Marxismus und seiner eigenen Geschichte beschäftigt, sondern die bereits
bei seinen Quellen beginnt.

Bekanntlich legt der Marxismus-Leninismus die Quellen
seiner theoretischen Herkunft offen dar und setzt sich immer wieder mit ihnen auseinander. Bei uns gehört es

schon zum Wissen eines Zehnklassenschülers, daß sich der Marxismus vor allem aus der englischen politischen Ökonomie, aus den Lehren des französischen Sozialismus sowie aus der klassischen deutschen Philosophie speist. Namen wie Adam Smith (1723–1790) und David Ricardo (1772–1823), François-Marie-Charles Fourier (1772–1837) und Claude-Henri de Saint-Simon (1760–1825), Immanuel Kant (1724–1804) und Ludwig Feuerbach (1804–1872) fallen wohl jedem dazu ein. Eine überragende Rolle in diesem Zusammenhang spielt bekanntlich Georg Wilhelm Friedrich Hegel (1770–1831).

In der bürgerlichen Marxkritik gibt es nun beim Umgang mit den Quellen des Marxismus einige recht beliebte Interpretationsmuster. Zuerst einmal taucht immer wieder die Behauptung auf, Marx habe eigentlich nichts anderes getan als die verschiedenen Quellen miteinander verknüpft. Es wird sogar der Vorwurf erhoben, der Marxismus sei als ein eklektisches Gemisch verschiedenster Ideen entstanden. Als Eklektizismus bezeichnet man in der Geschichte des Denkens das Verknüpfen von Ideen und Theorien, die gar nicht zueinander passen. Die marxistische Lehre sei eine „Synthese aus den Lehren vieler Vorgänger, denen sie keineswegs immer gerecht geworden war, und sie konnte ... selbst zum Element neuer Synthesen oder Eklektizismen werden"[36], schreibt Ernst Nolte. Mit der Unterstellung, Marx habe die verschiedenen Theorien nicht verarbeitet, sondern eben nur eklektisch zusammengemischt, wird auch die Behauptung begründet, daß es in den Quellen des Marxismus bestimmte Ansichten und Personen gebe, die bisher fehlgedeutet worden seien, die man unterschätzt habe. Beispielsweise versucht man, die deutsche Romantik zu einer der wichtigsten Quellen im Denken von Marx zu machen. Auch die These, Marx sei dem utopischen Denken viel stärker verhaftet geblieben, als bisher angenommen, wird vorgetragen.

Solche Auslegungen, die die Quellen des Marxismus sowie den Umgang von Marx mit den Quellen seines Denkens betreffen, dienen stets dem Zweck, den Wert des Marxismus, seine Originalität, die Neuheit seiner Ansichten anzuzweifeln. Im Mittelpunkt aller dieser entstellenden Ansichten steht der großangelegte Versuch, den Marxismus-Leninismus als eine Theorie unter vielen, ohne besonderen Anspruch auf Bedeutung oder Genialität, abzutun. Letztlich möchte man den Eindruck erwecken, daß es eigentlich schon genüge, wenn man sich mit den Quellen des Marxismus befasse; er selbst gehe nicht über sie hinaus.

Wir wollen dieses Verfahren und diese Zielsetzung an einem Beispiel verdeutlichen, das innerhalb der Quellenverfälschung eine herausragende Rolle spielt: die falsche Darstellung der Beziehung von Marx zu Hegel. Marx verblieb „nur zu sehr — und lebenslänglich — im Denken Hegels"[37] — das ist eine der Standardbehauptungen bürgerlicher Marxkritiker zu dieser Problematik. Von dorther prägt man ungeniert solche Begriffe wie „hegelianisierender" Marxismus oder „Hegelscher" Marxismus. Marxismus, das ist nichts anderes als durch ökonomisches Denken konkretisierter Hegelianismus — so lautet das Urteil einer derart vorgehenden Marxkritik. Dabei werden alle vorhandenen Bezüge von Marx, Engels und auch Lenin auf Hegel, insbesondere auf die Hegelsche Dialektik, zusammengesucht und aneinandergereiht, um damit zu belegen, daß das Hegelsche Denken das Denken von Marx entscheidend geprägt habe.

Nun haben sich Marx, Engels und Lenin tatsächlich in vielfältiger — und was die Dialektik betrifft, vor allem positiver — Weise zu Hegel geäußert. „Was Hegels Denkweise vor der aller andern Philosophen auszeichnete, war der enorme historische Sinn, der ihr zugrunde lag", schreibt Friedrich Engels und weist darauf hin, daß Hegel der erste war, der sich bemühte, in der Geschichte eine Entwicklung, einen inneren Zusammenhang nachzuweisen. „Diese epochemachende Auffassung der Geschichte war die direkte theoretische Voraussetzung der neuen materialistischen Anschauung"[38] — so erklärt Engels den engen Bezug von Marx zu Hegel. Und Lenin fordert geradezu: „Gestützt auf die Marxsche Anwendung der materialistisch aufgefaßten Dialektik Hegels, können und müssen wir diese Dialektik nach allen Seiten hin ausarbeiten…"[39]

Karl Marx selbst hat sein Verhältnis zu Hegels Philosophie, vor allem zu seiner Dialektik, klar bestimmt. Er wertet dessen Leistungen trotz aller Mystifikation sehr hoch, hat Hegel mit seiner Dialektik doch „ihre allgemeinen Bewegungsformen zuerst in umfassender und bewußter Weise

Der Philosoph Georg Wilhelm Friedrich Hegel bei einer Vorlesung.

dargestellt". Aber sie steht bei Hegel auf dem Kopf: „Man muß sie umstülpen, um den rationellen Kern in der mystischen Hülle zu entdecken." Marx macht jedoch in diesem Zusammenhang deutlich, daß es nicht einfach ein „Umdrehen" einer bereits fertigen Methode war: „Meine dialektische Methode ist der Grundlage nach von der Hegelschen nicht nur verschieden, sondern ihr direktes Gegenteil. Für Hegel ist der Denkprozeß, den er sogar unter dem Namen Idee in ein selbständiges Subjekt verwandelt, der Demiurg des Wirklichen, das nur seine äußere Erscheinung bildet. Bei mir ist umgekehrt das Ideelle nichts andres als das im Menschenkopf umgesetzte und übersetzte Materielle."[40] Damit charakterisiert Marx in knapper Weise den entscheidenden Unterschied zwischen ihm und Hegel: Dem Idealismus Hegels setzt er seinen konsequenten Materialismus entgegen.

Wenn bürgerliche Marxkritiker heute — wie auch schon in der Vergangenheit — die These einer Abhängigkeit der Marxschen Dialektik von Hegel, einer Übereinstimmung zwischen Marx und Hegel oder einer bloßen Ausweitung und Konkretisierung Hegels durch Marx vertreten, dann werden damit einige recht unterschiedliche Ziele gleichzeitig verfolgt.

Zuerst einmal soll durch diese Argumentation der Marxismus als eine Philosophie erscheinen. Nicht selten findet sich in bürgerlichen Arbeiten über den Marxismus-Leninismus bereits in der Definition diese Ansicht: Der Marxismus sei eine Philosophie ... der Veränderung, des Klassenkampfes, des Geschichtsprozesses usw., je nachdem, was man gerade betonen möchte. Aber der Marxismus-Leninismus wird falsch bestimmt, wenn man ihn als eine Philosophie sieht. Er stellt eine komplexe Theorie zur Befreiung der Arbeiterklasse dar, in der ökonomische und philosophische, historische und politische Ideen untrennbar miteinander verbunden sind. Reduziert man das auf Philosophie, dann bleiben wichtige Elemente der wissenschaftlichen Begründung des Marxismus ausgeschlossen; man amputiert ihm lebenswichtige Bestandteile, raubt ihm gerade seine Stärke, auch seine neue Qualität gegenüber anderen Theorien — die Einheit von Philosophie, politischer Ökonomie und wissenschaftlichem Sozialismus.

Durch die Verwandlung in eine Philosophie hoffen die bürgerlichen Marxkritiker, leichter und schneller mit den Ideen von Marx, Engels und Lenin fertig zu werden. Hat man den Marxismus erst einmal zur Philosophie gemacht, dann folgt sogleich der nächste Schritt: „Die Philosophie aber ist keine Wissenschaft"[41], meint Konrad Löw. Natürlich besitzt die marxistisch-leninistische Philosophie wissenschaftlichen Charakter, untersucht sie doch allgemeinste Gesetzmäßigkeiten der Natur, der Gesellschaft und des Denkens. Für viele bürgerliche Theoretiker hat die Philosophie aber lediglich die Funktion, über Werte nachzudenken — und dann kann man sicher nicht von Wissenschaft sprechen. Den Marxkritikern kommt es in diesem Zusammenhang jedoch nicht auf eine grundsätzliche Diskussion über den Charakter des philosophischen Wissens an; sie wollen nur eins: auf diesem Weg wieder einmal „beweisen", daß der Marxismus keine Wissenschaft sei.

Eine andere, wohl noch wichtigere Argumentation aus der Sicht der Marxkritiker ergibt sich aus der Beziehung von Marx und Hegel mit der Unterstellung des Idealismus. Was Marx und Engels von all ihren Vorgängern in der Theorie am stärksten unterscheide, behauptet Ernst Nolte, „ist indessen ihre Herkunft vom Deutschen Idealismus, und nur von dorther läßt sich bestimmen, was als der Kern

133

ihrer Auffassungen gelten sollte"[42]. Bei Nolte führt das mit Konsequenz zum Marxismus als zu einem „subjektistischen Idealismus"[43]. Diese Anstrengungen, den Marxismus vom Materialismus wegzudiskutieren und ihn als einen Idealismus zu bestimmen, richten sich ebenfalls wieder gegen die Wissenschaftlichkeit, gegen die Sachlichkeit des Marxismus-Leninismus und dienen der Absicht, ihn in die Nähe von Glauben, Heilslehre, Ersatzreligion zu rücken.

Nicht zu unterschätzen ist eine Argumentation der Marxkritiker, die mit einer behaupteten Übereinstimmung zwischen Hegel und Marx den reaktionären Charakter des Marxismus belegen möchten. Bekanntlich gab es im Denken von Hegel auch erhebliche konservative Züge. In der bürgerlichen Philosophiegeschichte existieren, vor allem seit den vierziger Jahren unseres Jahrhunderts, Ansichten, wonach Hegels Denken dem faschistischen totalitären Denken den Weg bereitet hätte. Aus einer solchen Linie „von Hegel zu Hitler" und aus der Behauptung, daß Faschismus und Sozialismus gleichermaßen totalitäre Gesellschaften seien, werden Hegel und Marx als Feinde der „offenen" demokratischen Gesellschaft denunziert. Bei diesen Auffassungen handelt es sich um so haltlose Unterstellungen bereits zum Denken von Hegel, daß selbst viele bürgerliche Philosophen sich von einer solchen Interpretation distanzieren und Hegel gegen derartige Attacken verteidigen.

Insgesamt zeigt sich aber, daß das Bemühen der bürgerlichen Marxkritik, eine Abhängigkeit des Marxismus von Hegel zu konstruieren, letztlich dem Ziel dient, den Marxismus-Leninismus in eine der vielen bürgerlichen Theorien zu verwandeln, die es zu Dutzenden gibt, in die Gedankenkonstruktion eines Denkers, der man zustimmen oder die man ablehnen kann und die sich nicht grundsätzlich von anderen solchen Konstruktionen unterscheidet. Es geht um den Angriff auf die *neue Qualität* der marxistisch-leninistischen Theorie über die Gesellschaft.

Hier ist nicht der Platz, nachzuweisen, wie bei diesem Herangehen der bürgerlichen Marxkritik bereits Hegel und seine Philosophie fehlerhaft bewertet und interpretiert werden. Letztlich muß nämlich bei solchen Begründungen schon Hegels große historische Leistung in der Geschichte des Denkens auf der Strecke bleiben. Um Marx unter diesem Aspekt „von rechts" zu lesen, benötigt man bereits eine rechte, reaktionäre Hegeldeutung. Wer aber Marx zum Nachahmer eines so zurechtgestutzten Hegel macht, der demaskiert sich eigentlich selbst.

„Die Anwendung der materialistischen Dialektik bei der radikalen Umarbeitung der gesamten politischen Ökonomie, ihre Anwendung auf die Geschichte, auf die Naturwissenschaft, die Philosophie, die Politik und die Taktik der Arbeiterklasse — das ist es, was Marx und Engels vor allem interessiert, hierzu haben sie das Wesentlichste und Neueste beigetragen, das ist der geniale Schritt, den sie in der Geschichte des revolutionären Denkens vorwärts getan haben."[44] Dieser Charakteristik der neuen Qualität im Denken von Marx und Engels gegenüber allem bisherigen Denken ist nichts hinzuzufügen. Sie gilt genauso für die Gegenwart und liefert eine der wichtigsten Erklärungen für die Lebendigkeit der Theorie der Klassiker des Marxismus-Leninismus auch unter neuen Bedingungen der gesellschaftlichen Entwicklung.

Marx für Nichtmarxisten – Möglichkeit oder Illusion?

Es gibt keine moderne Gesellschaftswissenschaft, die sich der Beweiskraft der Marxschen Lehre entziehen kann. Die Haltung zu dieser Lehre wurde zu einem Grundproblem der geistigen und politischen Auseinandersetzung.

Erich Honecker, 1983

Vom produktiven Umgang mit Marx

Der Marxismus-Leninismus ist die wissenschaftliche Weltanschauung der revolutionären Arbeiterbewegung. Um diese Feststellung, um diese Einsicht tobt ein unerhört scharfer geistiger Kampf. Gegen sie laufen die konservativen, reaktionären Marxkritiker aller Zeiten Sturm. Nun bildet aber die Bourgeoisie als Klasse keine einheitliche Gruppe: Deutlich kann man zwischen der Monopolbourgeoisie, der nichtmonopolistischen Bourgeoisie und dem Kleinbürgertum unterscheiden; doch auch innerhalb dieser Teile der Bourgeoisie existieren noch sichtbare Unterschiede. Wie wir heute erkennen, bestehen selbst in der Monopolbourgeoisie verschiedene Flügel, die sich zur Frage von Krieg und Frieden recht unterschiedlich verhalten: Es gibt Kräfte, die für Konfrontation und Hochrüstung plädieren, und es gibt Gruppierungen, die die Auseinandersetzung mit dem Sozialismus auf andere Weise, ohne abenteuerliche und gefährliche Politik der militärischen Drohung austragen wollen. Dementsprechend verschiedenartig treten auch die bürgerlichen Ideologen auf: Sie repräsentieren nicht einfach *die* Bourgeoisie, sondern bringen die Interessen und Ansichten ganz bestimmter Richtungen und Strömungen innerhalb der Bourgeoisie zum Ausdruck.

Damit entsteht die Frage, ob denn all diese verschiedenen Vertreter der bürgerlichen Ideologie gegenüber dem Marxismus eine gleiche Haltung einnehmen. Bereits zu Beginn unseres Jahrhunderts hat der russische sozialdemokratische Theoretiker und Verfechter eines konsequenten historischen Materialismus, Georgi Plechanow, darauf eine prinzipielle Antwort gegeben. „Die ökonomischen, historischen und philosophischen Ideen von Marx können in der ganzen Wucht und Fülle ihres revolutionären Inhalts nur von den Ideologen des Proletariats aufgenommen werden, deren Klasseninteresse nicht auf die Bewahrung, sondern auf die Beseitigung der kapitalistischen Ordnung, auf die soziale Revolution gerichtet ist ..."[1]

Mit dieser Feststellung hat Plechanow bis heute recht behalten; den Marxismus-Leninismus mit seinem revolutionären Inhalt als theoretische Anleitung zum praktischen Handeln kann sich nur als Ganzes aneignen, wer vorbehaltlos auf dem Standpunkt der Arbeiterklasse steht. Das macht ja eben die Besonderheit dieser Theorie aus, daß sie in ihrem Kern die theoretisch-wissenschaftliche Begründung der historischen Mission der Arbeiterklasse liefert und die Wege zu deren Erfüllung weist. Ein Marxist-Leninist ist also nicht einfach derjenige, welcher sich alle Einsichten von Marx, Engels und Lenin theoretisch angeeignet hat, sondern der, der diese Einsichten mit praktischem Handeln im Interesse der Arbeiterklasse verbindet.

Eine solche Haltung kann man nun schwerlich von bürgerlichen Ideologen erwarten. Das würde bedeuten, daß sie ihren Klassenstandpunkt verlassen, daß sie auf die Positionen der Arbeiterklasse übergehen müßten. Natürlich gibt es so etwas. Den meisten kommunistischen Parteien gehören auch Vertreter anderer Klassen, darunter sogar der Bourgeoisie, an, die ihren politischen und weltanschaulichen Platz an der Seite der Arbeiterklasse gefunden

Im Herzen Berlins liegt das Marx-Engels-Forum mit dem von Ludwig Engelhardt geschaffenen Denkmal.

haben. Die Untersuchung solcher Übergänge stellt ein interessantes Thema dar. Die gesellschaftlichen Bedingungen, die geistigen Ursachen, die moralischen Begleitumstände, ganz persönliche Schicksale spielen dabei eine Rolle. Aber — um diese Menschen geht es hier nicht.

Uns interessiert folgende Problematik: Wie verhalten sich typische bürgerliche Ideologen, charakteristische Repräsentanten der heutigen Bourgeoisie zum Marxismus-Leninismus? Gibt es hier für alle gültige „Normen"? Kann ein bürgerlicher Ideologe nicht anders als Marx „von rechts" betrachten?

In der politisch-ideologischen Auseinandersetzung unserer Zeit wird das Problem des Antikommunismus in ähnlicher Weise erörtert und umstritten. Militante imperialistische Kräfte setzen alles daran, die Auffassung zu verbreiten, daß jede politische Bewegung, jede Gruppierung, ja jeder Mensch, der nicht für den Sozialismus ist, der nicht mit der revolutionären Arbeiterbewegung geht, ein Vertreter des Antikommunismus sein müsse. „Antikommunismus ist notwendig!"[2] lautet der Schlachtruf dieser Leute, die offen betonen, daß der Antikommunismus „ein unverzichtbares Element der Verteidigung unserer eigenen politischen Lebensordnung"[3] bleiben müsse. All ihre Bemühungen laufen darauf hinaus, den Antikommunismus zu einer politisch-ideologischen Plattform des Kampfes gegen den Sozialismus, gegen die Arbeiterbewegung, aber auch gegen die Friedensbewegung, ja gegen den gesellschaftlichen Fortschritt überhaupt zu machen.

Ebendeshalb ist es so wichtig, zu verhindern, daß eine künstliche und durch und durch falsche Alternative von Kommunisten oder Antikommunisten aufgebaut wird. Bereits auf der Berliner Konferenz der kommunistischen und Arbeiterparteien im Jahr 1976 wurde seitens der kommunistischen Bewegung unzweideutig erklärt: „Die kommunistischen Parteien betrachten nicht alle, die mit ihrer Politik nicht übereinstimmen oder eine kritische Haltung zu ihrer Tätigkeit einnehmen, als Antikommunisten."[4]

Antikommunisten sind solche politischen und ideologischen Vertreter der imperialistischen Bourgeoisie, die den Kampf gegen die revolutionäre Arbeiterbewegung, den realen Sozialismus und sämtliche anderen fortschrittlichen Kräfte mit dem Ziel führen, diese mit allen Mitteln, einschließlich des Staatsterrorismus und abenteuerlicher militanter Außenpolitik, zu zerschlagen oder ganz zu liquidieren.

Die werktätigen Massen aber, die überwiegende Mehrheit der Menschen von heute, die meisten Angehörigen verschiedenster politischer Bewegungen unserer Zeit, die unterschiedlichen gesellschaftlichen Kräfte bis in die Monopolbourgeoisie hinein sind in diesem Sinn nicht antikommunistisch – sie können als Nichtkommunisten charakterisiert werden. Sie gehören nicht zu den Anhängern kommunistischer Ideen oder Parteien, lehnen Ziele dieser Parteien sogar ab und haben nicht selten eine Vielzahl von Vorbehalten, ideologisch geprägt und geformt durch den Antikommunismus. Aber sie sind weder objektiv, von ihrer Lebenslage her, noch subjektiv, von ihren erklärten Zielstellungen her, an einer militanten Vernichtung des Kommunismus in der Gesellschaft und in der Ideologie interessiert. Statt dessen orientieren sie sich am Wettbewerb der Systeme, an der ideologischen Auseinandersetzung um die Werte und Ideen der verschiedenen Bewegungen und treten für die heute so wichtige friedliche Koexistenz von Staaten unterschiedlicher Gesellschaftsordnung, für eine Politik der Verständigung und des Realismus, für Dialog und friedlichen Streit ein. Damit entwickelt sich eine solche Form der Auseinandersetzung zwischen dem Sozialismus und dem Kapitalismus, „die geprägt ist von friedlichem Wettbewerb, gewaltfreiem Streit über alle politischen und ideologischen Gegensätze sowie Zusammenarbeit zum gegenseitigen Nutzen und Vorteil. Dabei müssen beide Systeme – ihren grundlegenden sozialökonomischen, politischen und ideologischen Gegensätzen zum Trotz – lernen, miteinander zu leben und gut miteinander auszukommen"[5], heißt es in dem von der Akademie für Gesellschaftswissenschaften beim ZK der SED und von der Grundwertekommission der SPD gemeinsam ausgearbeiteten Dokument „Der Streit der Ideologien und die gemeinsame Sicherheit".

Nun ist dieses Problem des Verhältnisses nichtkommunistischer Kräfte und Bewegungen zum Kommunismus nicht identisch mit unserer Frage nach dem Verhältnis zum Marxismus-Leninismus, obwohl beides natürlich zusammenhängt. Wichtig ist jedoch, daß auf dem Feld der politisch-ideologischen Auseinandersetzung bereits Lösungen gefunden oder angebahnt wurden, die auf *friedlichen* Wettstreit abzielen.

Für das Verhältnis und das Verhalten bürgerlicher Kräfte zum Marxismus-Leninismus bedeutet das letztlich, daß militantes, antikommunistisches und reaktionäres Interpretieren, Fälschen und Denunzieren der Weltanschauung der Arbeiterklasse durchaus nicht unabdingbar sein müssen. Die scharfe Attacke auf den Marxismus-Leninismus mit dem Ziel, ihn zurückzudrängen und sogar zu vernichten — die Hoffnung, man könne den Marxismus auf den „Aschehaufen der Geschichte" werfen, keimt ja bei den reaktionärsten Kräften der imperialistischen Bourgeoisie immer wieder auf —, ist charakteristisch für die heute reaktionärsten und konservativsten Gruppierungen innerhalb der bürgerlichen Ideologie und Politik. Ein solcher Umgang muß durchaus nicht von allen anderen bürgerlichen Kräften mitgemacht oder nachgeahmt werden.

Dieser Einschätzung liegt nicht nur die Hoffnung auf ein wenig Vernunft bei bürgerlichen Theoretikern zugrunde. Sie beruht auf der Analyse der heutigen Wirklichkeit in der bürgerlichen Welt. Selbst innerhalb der bürgerlichen Marxkritik, also unter den berufsmäßigen Kritikern des Marxismus-Leninismus, gibt es Personen und Ansichten, die sich deutlich abheben von der Art, den Marxismus zu betrachten, die wir hier untersucht haben. Viel flexibler und differenzierter im Umgang als solche Marxtöter wie Konrad Löw, wird dem Marxismus bei aller Kritik, die man an ihm übt, eine gewisse Existenzberechtigung zugebilligt, er erscheint nicht selten als eine durchaus humanistische Denktradition, und Teile von ihm werden sogar als wissenschaftliche Lehre anerkannt. Typisch für die Sicht solcher flexibler Marxkritiker ist eine Position, die der Historiker Walter Euchner in seiner Marxbiographie formuliert: „Die Marxsche Erwartung, aus den widersprüchlichen Tendenzen der kapitalistischen Wirtschaft werde sich eine kommunistische Gesellschaftsordnung zusammen mit den Instrumentarien zur kollektiven und planmäßigen Steuerung wirtschaftlicher und sozialer Prozesse entwickeln, hat nach allem, was wir bisher erfahren und erkannt haben, getrogen. Doch Marx' kraftvoller Versuch, die Ursachen gesellschaftlicher Krisen aufzudecken und Wege aus der Gefahr zu suchen, ist vorbildlich geblieben."[6] Die marxistische Grundkonzeption von der zukünftigen klassenlosen Gesellschaft als Ziel der Anstrengungen der Arbeiterbewegung wird abgelehnt – das ist für alle bürgerliche Wertung des Marxismus symptomatisch; aber wie die Leistung von Marx darüber hinaus behandelt wird, das unterscheidet dieses Herangehen erheblich von der niveaulosen Unterstellung, Marx habe keine einzige neue Erkenntnis gebracht, wie wir sie bei den Marxtötern fanden.

Wohlgemerkt – auch hier haben wir es mit bürgerlichen Marxkritikern zu tun. Auch hier geht es letztlich um eine Widerlegung des Marxismus-Leninismus. Aber da der Gegenstand der Kritik ernsthafter und sachlicher betrachtet wird, ist ein Streit, eine Polemik, in der tatsächliche Argumente vorgebracht werden, durchaus möglich. Natürlich kann dieser Streit heftig sein. Wenn marxistische und marxologische Ansichten aufeinanderprallen, stehen sich in vielen entscheidenden Fragen unvereinbare Anschauungen gegenüber. Aber wenn es die gemeinsame Auffassung gibt, daß man über den Marxismus streiten kann, daß man ihn nicht einfach verdammen darf, dann unterscheidet sich eine solche Auseinandersetzung erheblich vom ideologischen Kampf mit den Marxtötern. Sie muß nicht zu militantem politischem Verhalten, zu antikommunistischen Ausfällen, zu plumpen Fälschungen und Entstellungen führen.

Begegnen wir bereits unter den berufsmäßigen Marxkritikern Repräsentanten eines differenzierten Herangehens, die sich einer Sichtweise „von rechts" widersetzen, so ist es nicht verwunderlich, daß wir unter den zahlreichen bürgerlichen Ideologen durchaus solche finden, die sich von Marx angeregt fühlen, die sich auf einige seiner Aussagen stützen oder in der kritischen Auseinandersetzung mit Marxschen Ideen ihr eigenes Konzept entwickeln. Hierbei handelt es sich zumeist um Theoretiker – um Philosophen, Soziologen, Gesellschaftswissenschaftler und Politologen, um Friedensforscher und Futurologen –, die in ihrer politisch-ideologischen Haltung von bürgerlich-liberalen oder auch von sozialreformistischen Konzeptionen ausgehen. Sie alle wenden sich – meist sogar mit Nachdruck – gegen den Marxismus-Leninismus als Weltanschauung; aber sie nutzen in bestimmter Weise das eine oder andere Moment

142

Bei letzten Arbeiten an den weltberühmten „blauen Bänden" der Werke von Marx und Engels, hier der wohl meistgekaufte Band 23: Er enthält „Das Kapital. Erster Band".

des Marxismus. So schrieb zum 100. Todestag von Karl Marx im Jahr 1983 der Theologe Helmut Gollwitzer einen „Dank an Karl Marx", in dem er von einer „Reinigung des Marxismus" spricht, worunter er eine Ausformung des Marxismus „zu einer kritischen Theorie der bürgerlichen Gesellschaft in Absicht ihrer Überwindung" versteht.[7]

Man kann in diesem Zusammenhang geradezu einen produktiven Umgang bürgerlicher Theoretiker mit dem Marxismus feststellen. Ob nun als Anregung oder Herausforderung, als Argument, das in die eigene Theorie eingefügt wird, oder als Provokation, mit der eine inhaltliche Auseinandersetzung erfolgt — der Marxismus spielt hier eine ganz andere Rolle als im Weltbild der militanten Marxtöter.

> Überblicken wir die Entwicklung des geistigen Lebens der kapitalistischen Gesellschaft dieses Jahrhunderts, dann können wir ohne Übertreibung feststellen, daß der Marxismus gerade auch auf diese Weise tiefe Spuren hinterlassen hat, daß ganze Disziplinen und Theorien ohne ihn und ohne die inhaltliche Polemik mit ihm gar nicht existieren würden.

Nicht zuletzt sind Theoretiker zu nennen, die im Bannkreis des Marxismus gedacht und gearbeitet haben, die zwar keine Anhänger des Marxismus-Leninismus in seiner Gesamtheit geworden sind, deren theoretisches Werk jedoch ohne den Marxismus nicht denkbar wäre. Dazu zählen solche Ideologen wie der Philosoph Herbert Marcuse (1898—1979), der mit seinen Arbeiten großen Einfluß auf die kritische Studentenbewegung der sechziger Jahre gewann, oder der Sozialphilosoph und Psychoanalytiker Erich Fromm (1900—1980), der den Versuch unternahm, bestimmte Bestandteile des Marxismus und Elemente seiner psychoanalytischen Gesellschaftssicht zusammenzufügen. Auch an den Philosophen des utopischen Denkens Ernst Bloch (1885—1977) muß man in diesem Zusammenhang erinnern. Sie alle wurden keine Marxisten; aber ein produktiv-positiver Umgang mit bestimmten Teilen und Kategorien des Marxismus ließ ihre kritische Gesellschaftstheorie an Schärfe und parteilicher Orientierung gewinnen. In ihrem ideologischen Kampf und ihrer

144

politischen Haltung standen sie in der bürgerlichen Gesellschaft links.

Es zeigt sich also — und läßt sich durch viele Beispiele bedeutender Theoretiker und wichtiger ideologischer Strömungen belegen —, daß es keine Notwendigkeit für bürgerliche Kräfte oder für politisch-ideologische Gruppierungen im Kapitalismus gibt, Marx und sein Werk „von rechts" zu lesen und zu deuten und im Kreis der militanten Marxtöter zu landen. Vielmehr entspricht es dem Geist unserer Zeit, der Kultur des ideologischen Streites und dem zivilisierten Umgang miteinander, wenn sich immer mehr Ideologen zumindest auf sachlich-kritische Positionen begeben oder gar einen erfolgreichen produktiven Umgang mit dem Marxismus pflegen. Dazu ist es natürlich erforderlich, sich auf keinen Fall in den Dunstkreis militant-konservativer Marxkritiker ziehen zu lassen, sondern alles zu tun, um sich vom Einfluß plumper Marxfälscher zu befreien und sich gegen den Zugriff antikommunistischer Zielsetzungen in der Marxkritik zu wehren.

Wer sich der konservativen Marxkritik mit all ihren Attacken und Entstellungen nicht widersetzt, wer sich sogar von ihr einfangen läßt, läuft Gefahr, mit der Verunglimpfung der Theorie des Marxismus-Leninismus auch die politischen Angriffe in Gestalt eines militanten Antikommunismus zu übernehmen, selbst wenn er das gar nicht beabsichtigte. Wer dagegen die plumpe Marxtöterei rechter Kräfte als unseriös und unproduktiv bekämpft, der wirkt damit auch gegen den rabiaten Antikommunismus und bestätigt seine realistische politische Haltung, die gerade heute und in Zukunft so dringend benötigt wird. Insofern geht die Entscheidung über den Umgang mit dem Marxismus weit über eine theoretische Aufgabenstellung hinaus.

„Die gegenwärtige Situation wird durch eine weitere Verschärfung der ideologischen Auseinandersetzung zwischen sozialistischer und bürgerlicher Ideologie, zugleich aber auch durch unsere friedenssichernde und entspannungsfördernde Dialogpolitik mit allen verständigungsbereiten Kräften in der Welt geprägt", erklärt Kurt Hager zu den beiden Seiten unseres gegenwärtigen Kampfes. Und er verweist mit Nachdruck darauf, daß wir hier verschiedenen Fronten in der Auseinandersetzung gegenüberstehen: „In der ideologischen Auseinandersetzung muß nicht nur berücksichtigt werden, wann und wo wir mit Menschen guten Willens sprechen, die von den heutigen Realitäten ausgehen und sich wie wir für die Erhaltung des Friedens einsetzen. Wir müssen auch berücksichtigen, daß diejenigen, die an Spannung und Konfrontation interessiert sind, die in einer solchen Atmosphäre ihr revanchistisches Süppchen kochen möchten, ihre Verleumdungskampagne gegen die DDR, unsere Partei, den Sozialismus nicht vermindern, sondern verstärken."[8]

Und um ebendiese bedeutungsvolle Auseinandersetzung geht es letztlich auch bei der Haltung zum Marxismus-Leninismus: Nicht Zustimmung oder Ablehnung ist dabei die Nagelprobe; denn natürlich kann die Bourgeoisie dem Marxismus nicht zustimmen. Es geht darum, wie man sich zu dem Gedankengut seines politischen Gegners verhält, ob man es mit geistigen Mitteln, im ideologischen Streit bekämpft oder ob man es mit seinem Träger physisch liquidieren will.

Der Marxismus-Leninismus — die Weltanschauung des 21. Jahrhunderts

Vor einigen Jahren hat sich einmal Golo Mann, ein Sohn des berühmten deutschen Schriftstellers Thomas Mann (1875—1955) und selbst ein recht bekannter Historiker der BRD, der Frage nach der Wirkung von Karl Marx zugewandt. Er ist kein Spezialist für Leben und Werk von Karl Marx und offensichtlich ebensowenig ein guter Kenner der Wirkungen der Marxschen Ideen. Aber sicher gehört er auch nicht zu den professionellen Marxkritikern, obwohl er ihnen einiges nachredet und augenscheinlich ihren Marxtötereien zuweilen Glauben schenkt. Denn eine der Aussagen seines Beitrags lautet: „Hundert Jahre nach seinem Tod ist Marx tot und er war es schon längst. Es ist unnütz, sein Werk heute noch zu studieren."[9]

Hier irrt Golo Mann gleich zweimal. Die Lebendigkeit der Marxschen Ideen zeigt sich am Ende unseres Jahrhunderts in vielfältiger Weise.

In den gesellschaftsstrategischen Überlegungen der

marxistisch-leninistischen Parteien der sozialistischen Länder werden sie schöpferisch angewendet und entwickelt. So ist die Konzeption für die Gestaltung der entwickelten sozialistischen Gesellschaft nicht eine gesellschaftstheoretische Schöpfung außerhalb des Marxismus-Leninismus. Sie ist vielmehr entstanden und geformt worden im produktiven Dialog zwischen Theorie und Praxis: Bei jedem Schritt auf dem Weg zum Sozialismus wurden die vorhandenen theoretischen Ansichten des Marxismus-Leninismus genutzt; mit jedem dieser Schritte in der Praxis machte man aber wiederum neue Erfahrungen, die man überprüfen und verallgemeinern mußte und die dann Eingang in die Theorie des Sozialismus fanden. So beruht die heutige Konzeption des entwickelten Sozialismus auf den theoretischen Verallgemeinerungen der bisherigen Erfahrungen beim sozialistischen Aufbau. Als Gesellschaftskonzeption bildet sie zugleich die theoretische Grundlage für das weitere praktische Handeln bei der Ausgestaltung der Gesellschaft.

Ebenso verhält es sich mit den Überlegungen, welche die Vorhutparteien in den Ländern Afrikas und Asiens über eine sozialistische Orientierung ihrer Länder anstellen. Auch hier erfolgen viele konstruktive Rückgriffe auf die Ideen von Marx, Engels und Lenin sowie auf die Erfahrungen der sozialistischen Länder. Und die neuen Erkenntnisse, die in diesem komplizierten Prozeß gewonnen werden, gehen in den Marxismus-Leninismus ein.

Bei der Analyse des heutigen Imperialismus mit all seinen neuen Zügen bewährt sich ebenfalls die Aufdeckung der grundlegenden Gesetzmäßigkeiten der kapitalistischen Ausbeuterordnung durch die Klassiker des Marxismus-Leninismus.

Wie wir gesehen haben, gibt es auch in den bürgerlichen Wissenschaften einen produktiven Umgang mit Marx. In diesem Sinn ist Marx selbst im bürgerlichen Leben keineswegs tot.

Und was die Aneignung des Marxismus-Leninismus betrifft: Nicht nur in den sozialistischen Ländern wird die marxistisch-leninistische Theorie systematisch gelehrt. Wo immer sich progressive Kräfte in der Welt darum bemühen, Wege des gesellschaftlichen Fortschritts zu suchen, zu formen und zu bestimmen, greifen sie auf das Werk von

Seltene Ausgaben des „Manifestes" aus Paris, London, Moskau, Prag und Reykjavik.

Marx, Engels und Lenin zurück. Die enormen Zahlen, die für die Auflagenhöhen marxistischer Werke charakteristisch sind, belegen das überzeugend. Das „Manifest der Kommunistischen Partei" ist bisher in über 100 Sprachen in etwa 1 100 Ausgaben herausgekommen. Allein in der DDR erschienen davon fast 8 Millionen Exemplare.

Wenn Golo Mann in bezug auf den Marxismus sagt, er glaube nicht, „daß die Jugend sich heute noch viel mit ihm abgibt, außer dort, wo man sie dazu zwingt"[10], so unterschätzt er wohl doch die Suche gerade vieler junger Leute nach einer Weltanschauung, die es ihnen ermöglicht, die

Welt zu verstehen, sich in ihr zurechtzufinden und einen eigenen Standpunkt zu beziehen, nach einer Weltanschauung, die sich an den Lebensinteressen der Menschen orientiert und zutiefst humanistisch ist. Nicht zufällig stellt gerade in Jugendbewegungen der kapitalistischen Welt, bei jungen Sozialdemokraten, jungen Friedensfreunden oder Umweltschützern, der Name Marx keine unbekannte Größe dar. Die Angriffe bürgerlicher Marxkritiker vor allem auf den Marxismus als Weltanschauung verfolgen deshalb ja auch vorrangig den Zweck, die Jugend von ihm fernzuhalten, ihr einzureden, daß er eine bloße Glaubenslehre, daß er „unnütz" sei.

Golo Mann trifft aber nicht nur solche falschen Einschätzungen, die offensichtlich aus seinem Unverständnis des Marxismus-Leninismus resultieren. Er kommt auch zu Urteilen, die für einen gestandenen Historiker wohl etwas vorschnell gefällt worden sind: „Hat er uns überhaupt geholfen? Wenig. Hat er uns geschadet? Eine ganze Menge."[11] Vielleicht sollte man hier einmal darüber nachsinnen, wen Mann mit „uns" meint. Denn daß Karl Marx der revolutionären Arbeiterbewegung wenig genützt und viel geschadet hätte, ist wohl durch nichts zu belegen. Meint der bürgerliche Historiker aber seine, die bürgerliche Gesellschaft, dann kann möglicherweise von „Schaden" gesprochen werden, wenn man an die Entwicklung des Klassenbewußtseins der Arbeiterklasse denkt, an das Wachsen ihrer Organisationen, an das Entstehen eines sozialistischen Weltsystems und damit an das Sprengen der bisher einheitlichen kapitalistischen Welt.

Doch Golo Mann bleibt nicht bei allgemeinen Überlegungen vom Nutzen und Schaden stehen. Er wagt sogar eine sehr präzise Behauptung: „Kein arbeitender Mensch auf Erden wäre heute weniger frei, wenn Marx nicht gelebt hätte; viele aber wären freier. Kein arbeitender Mensch auf Erden würde heute materiell schlechter daran sein, wenn Marx nicht gelebt hätte; aber viele wären besser daran. Marx, wie gut seine Absichten gewesen sein mögen, hat mehr Schaden als Nutzen gestiftet."[12]

Das ist, gelinde gesagt, eine Unterstellung, und es muß erstaunen, daß ein Historiker, doch gewohnt, mit Fakten und Daten umzugehen, so unkorrekt über die wirkliche Lage urteilt. Golo Mann, der aus seinen konservativen Ansichten keinen Hehl macht, vertritt wohl die Meinung, daß die Verbesserung des materiellen Lebensstandards der Werktätigen in den letzten hundert Jahren ein Geschenk der kapitalistischen Gesellschaft darstellt. Er übersieht geflissentlich, daß die Arbeiterklasse, geführt von revolutionären Parteien, von Gewerkschaften und anderen Organisationen, viele Errungenschaften den herrschenden Kreisen regelrecht abtrotzen mußte. Und ihr Kampf wurde gerade durch die wissenschaftlichen Einsichten des Marxismus über die Ausbeutung, die Klassen und den Klassenkampf, über die Aufgaben der Arbeiterbewegung und ihre langfristigen Ziele in Gang gesetzt.

Das Ringen der Arbeiterklasse um ihre soziale und politische Befreiung stellt einen langen und komplizierten historischen Prozeß dar. Über seine verschiedenen Phasen und Etappen, über die jeweils beteiligten politischen Führungskräfte, über die Widerstände und Gegner, über Wege und auch Irrwege kann man viel diskutieren und muß durchaus nicht immer einer Meinung sein. Aber jeder Versuch, Marx und seine Ideen aus diesem Prozeß auszublenden, ihn in seiner riesenhaften Bedeutung zu mindern oder sie gar ins Gegenteil zu verkehren, ist ein Angriff im ideologischen Kampf der Bourgeoisie gegen die Vergangenheit, die Gegenwart und vor allem auch die Zukunft der Arbeiterbewegung.

Man kann die realen Wirkungen des Marxismus-Leninismus nicht wegreden. Das muß auch Golo Mann einsehen, wenn er am Schluß seines Artikels feststellt, daß trotz der von ihm behaupteten „Wirkungslosigkeit" beziehungsweise trotz des „Schadens" der Streit um Marx nie aufgehört habe und wohl jede Generation erneut diese Auseinandersetzung führen müsse. Er versucht dabei den Eindruck zu erwecken, als sei dies das Geschäft einiger Schriftsteller und Denker, die für oder gegen Marx arbeiteten. Doch die Auseinandersetzung um Marx erwächst nicht aus dem mehr oder weniger persönlichen Streit von ein paar Leuten. „Mit der von Marx begründeten wissenschaftlichen Weltanschauung wurde eine Revolution im Geistesleben der Gesellschaft vollzogen, deren nachhaltige Wirkung heute und auch in Zukunft die Hauptrichtung aller Auseinandersetzung auf ideologischem Gebiet bestimmt. Sie kündigte die tiefgreifendste historische Umwälzung aller ökonomischen, politischen, sozialen und geistig-kulturellen Beziehungen an."[3]

> Entgegen den Behauptungen von Golo Mann nimmt die weltanschauliche Bedeutung des Marxismus-Leninismus eher noch zu. Vor dem Sozialismus stehen die gewaltigen Aufgaben, die neue Gesellschaft zu gestalten und die wissenschaftlich-technische Revolution zum Wohl der werktätigen Menschen zu meistern. Dabei gilt es, Wege zu suchen, zu finden und auszuprobieren, die bisher noch von keiner gesellschaftlichen Kraft gewagt wurden. Hierzu bedarf es einer sicheren Orientierung; sicher nicht im Sinn von Unfehlbarkeit oder gar Alleswisserei, sondern sicher im Sinn der bestmöglichen Nutzung aller bisherigen Erkenntnisse und Erfahrungen. Diese Orientierung gibt der Marxismus-Leninismus.

Die Welt von morgen muß eine friedliche Welt sein, oder sie wird nicht mehr sein. Auch daraus leiten sich Aufgaben von gewaltiger historischer Dimension ab. Die Wege zum Frieden müssen gefunden und von allen genutzt werden; militaristische Abenteuer müssen für immer der Vergangenheit angehören. Der Marxismus-Leninismus weist die Richtung für die erfolgreiche Abwehr der Kräfte der Konfrontation und für den Vormarsch der Kräfte des Friedens.

Wir leben also in einer Zeit, in der weltanschauliche Orientierungen notwendig und gefragt sind. Das wird sicher noch länger so bleiben und den Übergang der Menschheit ins 21. Jahrhundert, ins 3. Jahrtausend begleiten. Daraus ergibt sich natürlich auch, daß die weltanschaulichen Angebote zunehmen werden; der Marxismus-Leninismus existiert ja nicht allein. Aber wer zum Beispiel als weltanschauliche Orientierung für die Zukunft ein neues „mythisches Denken" anpreist, wer eine „neue Religiosität" fordert oder wer gar gegen den Rationalismus Front macht und für mehr irrationale Momente im Denken eintritt — der muß zuerst dem Marxismus den Kampf ansagen und sich darum bemühen, ihn aus dem Feld zu schlagen.

Insofern geht es in der Auseinandersetzung um den Marxismus-Leninismus, in den Attacken der bürgerlichen

Marxkritiker und vor allem der militanten Marxtöter nicht einfach um einen theoretischen Streit, um eine Polemik zu der einen oder anderen Frage, um wahr oder falsch in dem einen oder anderen Fall; es geht um das Aufeinanderprallen komplexer weltanschaulicher Systeme mit ihren gesellschaftlichen Zielen, ihren moralischen Haltungen, ihren Werten und Normen, mit ihren erkenntnistheoretischen Begründungen und historischen Belegen.

Das Ziel all derer, die Marx „von rechts" lesen und uns weismachen wollen, man könne und müsse ihn nur so lesen, besteht folglich nicht allein darin, gegen Marx recht zu haben, sondern vor allem darin, Marx zu denunzieren und so Menschen davon abzuhalten, sich überhaupt mit ihm bekannt zu machen. Die Attacken der konservativen Marxkritiker sind nur ein Teil — aber ein nicht unwesentlicher — der ideologischen Aktivitäten, die gegen die Weltanschauung mit wissenschaftlichem Anspruch, gegen das Denken für die Zukunft gerichtet werden. Das Erkennen solcher Angriffe, ihre Kritik und Widerlegung bilden andererseits bloß einen Teil — jedoch einen nicht unwichtigen — unserer Bemühungen um den Marxismus-Leninismus, ohne den wir schwerlich den richtigen Zugang finden, weil theoretisches Gerümpel der Marxologen uns diesen sonst verbaut.

Nachweis der Zitate

Wie Friedrich Engels mir eine Fünf einbrachte

1   W. I. Lenin, Die Aufgaben der Jugendverbände, in: Werke, Bd. 31, S. 273/274

Wie aus Marxismus Marxologie wird

1   Thesen des Zentralkomitees der SED zum Karl-Marx-Jahr 1983, Berlin 1983, S. 8
2   Rainer Barzel, Noch heute kostet Marx Milliarden, in: „Welt am Sonntag", 27. September 1981
3   R. Wilbrandt, Karl Marx. Versuch einer Würdigung, Berlin 1920, S. 135
4   Arnold Künzli, Karl Marx. Eine Psychographie, Wien 1966, S. 688
5   Konrad Löw, Die Lehre des Karl Marx. Dokumentation — Kritik, Köln 1982, S. 221
6   W. I. Lenin, Die Agrarfrage und die „Marxkritiker", in: Werke, Bd. 5, S. 110
7   Karl Marx, Zur Kritik der Hegelschen Rechtsphilosophie. Einleitung, in: Karl Marx/Friedrich Engels, Werke, Bd. 1, S. 391
8   Karl Jaspers, Die großen Philosophen. Nachlaß 1, München Zürich 1981, S. 663
9   Karl Marx und unsere Zeit — der Kampf um Frieden und sozialen Fortschritt. Internationale Wissenschaftliche Konferenz des Zentralkomitees der Sozialistischen Einheitspartei Deutschlands, Berlin, 11. bis 16. April 1983, Dresden 1983, S. 175
10 W. I. Lenin, Was sind die „Volksfreunde" und wie kämpfen sie gegen die Sozialdemokraten?, in: Werke, Bd. 1, S. 333/334
11 Marx an Nikolai Franzewitsch Danielson, 19. Februar 1881, in: Karl Marx/Friedrich Engels, Werke, Bd. 35, S. 155
12 Arthur Schopenhauer, Sämtliche Werke, Bd. I, Leipzig 1979, S. 426
13 Émile de Laveleye, Der Socialismus der Gegenwart, Halle o. J., S. 51/52, 68
14 Marx an Engels, 10. Oktober 1868, in: Karl Marx/Friedrich Engels, Werke, Bd. 32, S. 181
15 Georgi Plechanow, Eine Kritik unserer Kritiker, Berlin 1982, S. 219/220
16 Handbuch des Weltkommunismus, Freiburg — München 1958, S. 642

17   Bernard Willms, Marxismus – Wissenschaft – Universität. Zwölf Thesen, Düsseldorf 1971, S. 36/37, 47
18   Bernard Willms, Idealismus und Nation, Paderborn 1986, S. 211
19   Politischer Bericht des Zentralkomitees der KPdSU an den XXVII. Parteitag der Kommunistischen Partei der Sowjetunion. Berichterstatter M. S. Gorbatschow, Berlin 1986, S. 18
20   Iring Fetscher, Vom Wohlfahrtsstaat zur neuen Lebensqualität, Köln 1982, S. 143/144

Das schmutzige Geschäft von Marxologen

1   Walter Wittmann, Kreuzzug gegen die Realität. Die ersten hundert Jahre nach Karl Marx, Stuttgart 1983, S. 9
2   General Sir John Hackett, Welt in Flammen. Der Dritte Weltkrieg: Schauplatz Europa, München 1982, S. 46
3   Raymond Aron, Erkenntnis und Verantwortung. Lebenserinnerungen, München Zürich 1985, S. 483
4   Hans-Rudolf Peters, Die Marxsche Kapitalismus-Analyse im Urteil der Volkswirtschaftslehre, in: Karl Marx – Bilanz nach 100 Jahren, Köln 1984, S. 99
5   Hans-Rudolf Peters, Politische Ökonomie des Marxismus. Anspruch und Wirklichkeit, Göttingen 1980
6   Hans-Rudolf Peters, Der entzauberte Prophet. Eine Bilanz der Marxschen Theorien und Prophezeiungen, in: „Frankfurter Allgemeine Zeitung", 11. August 1979, S. 11
7   Karl Marx, Das Kapital, Erster Band, in: Karl Marx/Friedrich Engels, Werke, Bd. 23, S. 15/16
8   Friedrich Engels, Das Begräbnis von Karl Marx, ebenda, Bd. 19, S. 336
9   Friedrich Engels/Karl Marx, Die heilige Familie, ebenda, Bd. 2, S. 98
10   Hans-Rudolf Peters, Politische Ökonomie des Marxismus, a. a. O., S. 169
11   ebenda, S. 171
12   Kurt Hager, Marxismus-Leninismus und Gegenwart, Berlin 1986, S. 42
13   Marx an Justizrat Weber, 3. März 1860, in: Karl Marx/Friedrich Engels, Werke, Bd. 30, S. 511
14   Marx an Ferdinand Domela Nieuwenhuis, 22. Februar 1881, ebenda, Bd. 35, S. 160
15   Friedrich Engels, Marx, Heinrich Karl, ebenda, Bd. 22, S. 342
16   Franz Mehring, Karl Marx. Geschichte seines Lebens, Berlin 1964, S. 4/5
17   Werner Blumenberg, Karl Marx in Selbstzeugnissen und Bilddokumenten, Reinbek bei Hamburg 1983, S. 11

18 Karl Löwith, Weltgeschichte und Heilsgeschichte, in: Sämtliche Schriften, Bd. 2, Stuttgart 1983, S. 53

19 Richard Friedenthal, Karl Marx. Sein Leben und seine Zeit, München Zürich 1981, S. 225

20 vgl. Karl Marx/Friedrich Engels, Werke, Ergänzungsbd., Erster Teil, S. 616—640, oder Marx/Engels, Gesamtausgabe, Abt. III, Bd. 1, S. 9—18

21 Marx an Ferdinand Lassalle, 8. Mai 1861, in: Karl Marx/Friedrich Engels, Werke, Bd. 30, S. 602

22 Jenny Marx an Joseph Weydemeyer, in: Erinnerungen an Karl Marx, Berlin 1953, S. 205—209

23 Wilhelm Liebknecht, Erinnerungen an Karl Marx, ebenda, S. 132

24 W. I. Lenin, Friedrich Engels, in: Werke, Bd. 2, S. 12

25 Engels an Johann Philipp Becker, 15. Oktober 1884, in: Karl Marx/Friedrich Engels, Werke, Bd. 36, S. 218

26 ebenda, Bd. 30, S. 309—318

27 zit. nach: Gespräche mit Marx und Engels, Erster Band, Frankfurt am Main 1973, S. 185

28 Marx an Engels, 30. April 1852, in: Karl Marx/Friedrich Engels, Werke, Bd. 28, S. 61

29 Richard Friedenthal, Karl Marx, a. a. O., S. 388, 450

30 Konrad Löw, Die Lehre des Karl Marx. Dokumentation — Kritik, Köln 1982, S. 259

31 Engels an Achille Loria, Ende April 1883, in: Karl Marx/Friedrich Engels, Werke, Bd. 36, S. 19

32 Eberhard Fromm/Rosemarie Raffel, Tendenzen der gegenwärtigen bürgerlichen Marxismuskritik, in: „Deutsche Zeitschrift für Philosophie", 2/1983, S. 160

33 Konrad Löw, Vorwort zu Karl Marx — Bilanz nach 100 Jahren, Köln 1984, S. 7/8

34 Konrad Löw, Warum fasziniert der Kommunismus? Eine systematische Untersuchung, Köln 1980, S. 267

35 Konrad Löw, Karl Marx im Niemandsland zwischen den beiden deutschen Staaten, in: Karl Marx — Bilanz nach 100 Jahren, a. a. O., S. 192

36 Karl Marx, An Abraham Lincoln, Präsident der Vereinigten Staaten von Amerika, in: Karl Marx/Friedrich Engels, Werke, Bd. 16, S. 18/19

37 Karl Marx, Ein Londoner Arbeitermeeting, ebenda, Bd. 15, S. 455

38 ebenda

39 Konrad Löw, Die Lehre des Karl Marx, a. a. O., S. 20

40 ebenda, S. 19

41 Friedrich Engels, Rezension des Ersten Bandes „Das Kapital"

für das „Demokratische Wochenblatt", in: Karl Marx/Friedrich Engels, Werke, Bd. 16, S. 235

42 Konrad Löw, Die Lehre des Karl Marx, a. a. O., S. 146/147
43 ebenda, S. 147
44 ebenda, S. 211
45 ebenda, S. 221
46 Friedrich Engels, Karl Marx, in: Karl Marx/Friedrich Engels, Werke, Bd. 19, S. 104–106
47 Konrad Löw, Die Lehre des Karl Marx, a. a. O., S. 168
48 Karl Marx, Das Kapital, Erster Band. Nachwort zur zweiten Auflage, a. a. O., S. 27
49 Marx an Carl Klings, 4. Oktober 1864, in: Karl Marx/Friedrich Engels, Werke, Bd. 31, S. 418
50 Konrad Löw, Warum fasziniert der Kommunismus?, a. a. O., S. 180
51 ebenda, S. 183
52 Konrad Löw, Vorwort zu Karl Marx – Bilanz nach 100 Jahren, a. a. O., S. 8
53 Walter Wittmann, Kreuzzug gegen die Realität, a. a. O., S. 60
54 ebenda, S. 68
55 Ernst Nolte, Marxismus und Industrielle Revolution, Stuttgart 1983, S. 510
56 Joseph M. Bochenski, Marxismus-Leninismus. Wissenschaft oder Glaube, München 1974, S. 143, 144
57 ebenda, S. 33
58 Thesen des Zentralkomitees der SED zum Karl-Marx-Jahr 1983, Berlin 1983, S. 17/18
59 Karl Marx, Das Kapital. Erster Band, a. a. O., S. 192
60 Friedrich Engels, Dialektik der Natur, in: Karl Marx/Friedrich Engels, Werke, Bd. 20, S. 453
61 vgl. Karl Marx, Das Kapital. Dritter Band, ebenda, Bd. 25, S. 110–113
62 Karl Marx, Zur Kritik der Hegelschen Rechtsphilosophie. Einleitung, ebenda, Bd. 1, S. 378
63 Heinz Abosch, Marx und Lenin. Kontinuität oder Zäsur?, in: „Neue Zürcher Zeitung", 8./9. August 1982, S. 20
64 Engels an Joseph Bloch, 21./22. September 1890, in: Karl Marx/Friedrich Engels, Werke, Bd. 37, S. 463
65 ebenda, S. 464
66 Rudolf Künast, Umweltzerstörung und Ideologie, Tübingen 1983, S. 44
67 Paul G. Martin, Ein Rückblick auf den unwahren Marx, in: „Welt am Sonntag", 27. März 1983, S. 31

Murkseleien am Marxismus

1 Erich Honecker, Getreu dem Vermächtnis des Roten Oktober auf dem Kurs unseres XI. Parteitages, in: „Einheit", 10—11/1987, S. 873

2 Michail Gorbatschow, Rede auf dem Treffen mit Werktätigen in Murmansk, in: „Neues Deutschland", 2. Oktober 1987, S. 6

3 Joseph M. Bochenski, Marxismus-Leninismus. Wissenschaft oder Glaube, München 1974, S. 70

4 Arnold Künzli, Karl Marx. Eine Psychographie, Wien 1966, S. 705

5 Konrad Löw, Warum fasziniert der Kommunismus? Eine systematische Untersuchung, Köln 1980, S. 120

6 Karl Marx, Zur Kritik der Hegelschen Rechtsphilosophie. Einleitung, in: Karl Marx/Friedrich Engels, Werke, Bd. 1, S. 385

7 Karl Marx, Das Kapital. Erster Band, ebenda, Bd. 23, S. 779

8 W. I. Lenin, Gedenkrede für J. M. Swerdlow in der außerordentlichen Sitzung des Gesamtrussischen Zentralexekutivkomitees, 18. März 1919, in: Werke, Bd. 29, S. 74

9 Konrad Löw, Warum fasziniert der Kommunismus?, a. a. O., S. 121 (Hervorhebung durch E. F.)

10 Gerd-Klaus Kaltenbrunner, Wiederkehr der Wölfe. Die Progression des Terrors, Freiburg — Basel — Wien 1978, S. 19

11 Iring Fetscher/Günter Rohrmoser, Ideologien und Strategien. Analysen zum Terrorismus, Opladen 1981, S. 312

12 Konrad Löw, Warum fasziniert der Kommunismus?, a. a. O., S. 126/127

13 „Welt am Sonntag", 30. August 1987, S. 9

14 Erich Honecker, Im Ringen um den Frieden vollziehen sich Prozesse von historischer Dimension, in: „Neues Deutschland", 27. Oktober 1987, S. 3

15 Aus dem Bericht des Politbüros an die 5. Tagung des ZK der SED / Alles zum Wohle des Volkes der DDR, für seine friedliche Zukunft. Aus dem Schlußwort des Genossen Erich Honecker, Berlin 1987, S. 101

16 Kurt Hager, Friedenssicherung und ideologischer Streit, in: „Neues Deutschland", 28. Oktober 1987, S. 3

17 Pierre Nze, Rede auf der Internationalen Wissenschaftlichen Karl-Marx-Konferenz Berlin 1983, in: Karl Marx und unsere Zeit — der Kampf um Frieden und sozialen Fortschritt, Dresden 1983, S. 377

18 Viktor Tirado Lopez, Rede auf der Internationalen Wissenschaftlichen Karl-Marx-Konferenz Berlin 1983, ebenda, S. 130

19 Prof. Giuseppe Tamburrano, Rede auf der Internationalen

Wissenschaftlichen Karl-Marx-Konferenz Berlin 1983, ebenda, S. 163

20   Karl Marx, Grundrisse der Kritik der Politischen Ökonomie,
Berlin 1974, S. 25/26

21   Karl Marx, Das Kapital, Erster Band, in: Karl Marx/Friedrich
Engels, Werke, Bd. 23, S. 15/16

22   André Gorz, Abschied vom Proletariat, Frankfurt am Main
1983, S. 9

23   Rudolf Künast, Umweltzerstörung und Ideologie, Tübingen
1983, S. 107

24   Karl Marx, Das Kapital, Erster Band, a. a. O., S. 675

25   Michail Gorbatschow, Der Oktober und die Umgestaltung:
Die Revolution wird fortgesetzt, in: „Neues Deutschland",
3. November 1987, S. 6

26   Thesen des Zentralkomitees der SED zum Karl-Marx-Jahr
1983, Berlin 1983, S. 45

27   Hans Mohr, Biologische Erkenntnis, Stuttgart 1981, S. 205

28   W. I. Lenin, Drei Quellen und drei Bestandteile des Marxismus, in: Werke, Bd. 19, S. 3/4

29   W. I. Lenin, Der ökonomische Inhalt der Volkstümlerrichtung
und die Kritik an ihr in dem Buch des Herrn Struve, ebenda,
Bd. 1, S. 414

30   Karl Marx/Friedrich Engels, Manifest der Kommunistischen
Partei, in: Werke, Bd. 4, S. 493

31   W. I. Lenin, Sozialistische Partei und parteiloser Revolutio-
nismus, in: Werke, Bd. 10, S. 66

32   Michail Gorbatschow, Lenins Idee von der friedlichen Koexistenz wurde zu fundamentalem Gesetz der Epoche, in:
„Neues Deutschland", 5. November 1987, S. 2

33   ebenda

34   Friedrich Engels, Ludwig Feuerbach und der Ausgang der
klassischen deutschen Philosophie, in: Karl Marx/Friedrich
Engels, Werke, Bd. 21, S. 307

35   W. I. Lenin an Inès Armand, 30. November 1916, in: Werke,
Bd. 35, S. 227

36   Ernst Nolte, Marxismus und Industrielle Revolution, Stuttgart
1983, S. 518/519

37   Richard Friedenthal, Karl Marx. Sein Leben und seine Zeit,
München Zürich 1981, S. 141

38   Friedrich Engels, Karl Marx, „Zur Kritik der Politischen Ökonomie", in: Karl Marx/Friedrich Engels, Werke, Bd. 13,
S. 473/474

39   W. I. Lenin, Über die Bedeutung des streitbaren Materialismus, in: Werke, Bd. 33, S. 220

40   Karl Marx, Das Kapital, Erster Band. Nachwort zur zweiten
Auflage, a. a. O., S. 27

41. Konrad Löw, Die Lehre des Karl Marx. Dokumentation — Kritik, Köln 1982, S. 35
42. Ernst Nolte, Marxismus und Industrielle Revolution, a. a. O., S. 514
43. ebenda, S. 515
44. W. I. Lenin, Der Briefwechsel zwischen Marx und Engels, in: Werke, Bd. 19, S. 550

Marx für Nichtmarxisten — Möglichkeit oder Illusion?

1. Georgi Plechanow, Karl Marx, in: Eine Kritik unserer Kritiker. Schriften aus den Jahren 1898 bis 1911, Berlin 1982, S. 248
2. Karl Steinbuch, Schluß mit der ideologischen Verwüstung! Plädoyer für die brachliegende Vernunft, Herford 1986, S. 63
3. Hermann Lübbe, Antikommunismus bleibt unverzichtbar, in: „Die Welt", 5. April 1986, S. II
4. Dokument der Konferenz der kommunistischen und Arbeiterparteien Europas „Für Frieden, Sicherheit, Zusammenarbeit und sozialen Fortschritt in Europa", in: Konferenz der kommunistischen und Arbeiterparteien Europas. Berlin, 29. und 30. Juni 1976. Dokumente und Reden, Berlin 1976, S. 25/26
5. Der Streit der Ideologien und die gemeinsame Sicherheit, in: „Neues Deutschland", 28. August 1987, S. 3
6. Walter Euchner, Karl Marx, München 1982, S. 134
7. Helmut Gollwitzer, Dank an Karl Marx, in: Marx heute. Pro und contra, Hamburg 1983, S. 42
8. Kurt Hager, Friedenssicherung und ideologischer Streit, in: „Neues Deutschland", 28. Oktober 1987, S. 3
9. Golo Mann, Wem kann Karl Marx heute noch helfen?, in: „Politische Studien", Heft 277, München 1984, S. 561
10. ebenda
11. ebenda
12. ebenda, S. 562
13. Thesen des Zentralkomitees der SED zum Karl-Marx-Jahr 1983, Berlin 1983, S. 13